Thomas Stuhmann
3/01

ABENTEUER JUNGSCHAR

Ein Leben als Goldgräber

ABENTEUER JUNGSCHAR

Ein komplettes Programm für Freizeiten und Gruppenstunden
in Jungschar, Teenagerkreis, Sonntagsschule und Kindergottesdienst

Ein Leben als Goldgräber

Christliche
Verlagsgesellschaft
Dillenburg

ISBN-Nr. 3-89436-179-4

Kausemann, Ralf (Hrsg.)
Abenteuer Jungschar - Ein Leben als Goldgräber
Ein komplettes Programm für Freizeiten und Gruppenstunden
in Jungschar, Teenagerkreis, Sonntagsschule und Kindergottesdienst

© 1998 Christliche Verlagsgesellschaft, Dillenburg

Zusammenstellung und Bearbeitung: Ralf Kausemann
Mitarbeiter: Chris Brake, Hanna Honrath, Martina Kausemann, Achim Kepper, Tatjana Klein,
Ulrike Klimek, Christian König, Regina Korte, Florian Reeh, Frieder Tröps, Volker Wäsch,
Klaus-Peter Winkelmann
Stille-Zeit-Texte: Hartmut Jaeger, Friedhelm Keune, Ernst-Dieter Knipp, Monika Loch,
Alfons Steffes, Christiane Volkmann
Coverlayout, Innengestaltung und Satz: rk-design, Bergisch Gladbach
Abbildungen im Anhang: CC-Art, COREL, beeline, creativ-collection, Dieter Doberstein, ideen-
archiv, rk-design
Druck: Druckhaus Gummersbach
Printed in Germany

Inhaltsverzeichnis

Vorwort..7
   I. Einleitung...8
  II. Jungschararbeit - die 9- bis 13-Jährigen in unseren Gruppen........11
 III. Hilfen zur Programmgestaltung...15
 IV. Geschichte und Leben der Goldgräber..16
  V. Gold, Geld und Reichtum in der Bibel...23
 VI. Die äußere Gestaltung des Goldgräberlagers 26
VII. Die Lagerorganisation 31
VIII. Bibelarbeiten, Andachten und Stille-Zeit..37
      Lektion 1: Kostbarer als Gold 38
      Lektion 2: Der arme Reiche 39
      Lektion 3: Kaufen nicht möglich 40
      Lektion 4: Ist dabei sein alles?...41
      Lektion 5: Geben für Gott..42
      Lektion 6: Lockende Versuchung...43
      Lektion 7: Gold-Schiffe nach Tarsis...44
      Lektion 8: Das Kalb aus Gold 45
      Lektion 9: Und danach?...46
      Lektion 10: Die goldene Stadt..47
      Weitere Möglichkeiten für Bibelarbeiten 48
    Andachten...48
      Der Ruf des Goldes 48
      Die Ausrüstung des Goldsuchers 49
      Das Gold und die Indianer 50
      Original oder Fälschung?...50
      Gefahren im Leben eines Goldsuchers....................................50
      Der Mann im Tresor...51
      Die Einsamkeit des Goldsuchers..52
      Werkzeuge des Goldgräbers...52
      Der Goldfund am Strand 53
      Es ist nicht alles Gold, was glänzt..53
      Das Gold im Ostberg..54
      Gemeinsame Goldsuche...55
      Was tun mit dem Gold?..55
      Heute reich - morgen arm..55
      Die große Hoffnung 56
      Krösus - der reichste Mann des Altertums..............................56
    Stille-Zeit..56

Inhaltsverzeichnis

- IX. Gemeinsame Kreativität 65
  - Basteln 65
    - Lederarbeiten: Kleine Umhängetasche 65
    - Lederarbeiten: Kleiner Geldbeutel 65
    - Webarbeiten 66
    - Akkustischer Telegraf 67
    - Mississippi-Boot 67
    - Schatzkiste 68
  - Theaterstück 68
  - Tanz 74
  - Überlebenstraining (Survival) 74
- X. Spieleprogramm 75
  - Training für Goldgräber 75
  - Krimi "Mord in Gold-Lake-City" 77
  - Geländespiel "Goldrausch auf Sutters Farm" 80
  - Nachtgeländespiel "Bärenjagd" 82
  - Strategiespiel: "Der Kampf der Siedler" 83
  - Bibelwettlauf zur Bibelarbeitsreihe 88
  - Wasserspiele im Yukon-River 89
  - Info- Und Spieleabend "Ein Leben als Goldgräber" 91
  - Goldrausch in Alaska 94
  - Das Millionenspiel 98
  - Spiel 70 99
  - Claims abstecken 108
  - Wie Goldgräber knobeln 110
- XI. Sonstige Programmelemente 112
  - Goldgräberfest 112
  - Jahrmarkt/Viehmarkt 113
  - Film "Wolfsblut" 114
  - Ausflug 114
- XII. Literatur und Medien 115
- XIII. Bilder und Kopiervorlagen 117
  - Allgemeine Abbildungen 118
  - Vorlagen V4-1 bis V4-46 153
  - Lieder zum Goldgräberlager 219
  - Zusatzblätter zur Freizeitmappe 221
  - Arbeitsblätter der Bibelarbeitslektionen 224
- XIV. Fotobericht aus einem Goldgräberlager 269

Vorwort

> *Lieber ist mir das Gesetz deines Mundes als Tausende von Gold- und Silberstücken.*
> Psalm 119,72

Der Stellenwert von Gottes Wort in unserem Leben bestimmt in hohem Maß die Qualität unseres Christseins. Ob Mitarbeiter oder Jungscharler - dieser Grundsatz steht fest: Wer Gottes Wort den ihm zustehenden Raum im Leben gibt, wird erleben, dass Gott reich segnet. Auch in unseren Tagen hat Gott sich nicht verändert - er handelt, wenn wir es nur zulassen. Sein Wort hat weit höheren Wert als Gold und Silber - eine wichtige Erkenntnis - gerade für "Goldgräber"!

Frohe Erfahrungen mit diesem Gott konnten wieder auf zahlreichen Freizeiten und Lagern gemacht werden - diesmal unter dem Thema GOLDGRÄBER. Wie es sich zeigte, war es der wohl vielfältigste Themenkomplex dieser Art, den wir bislang erarbeitet haben. Manches davon schlägt sich in diesem Buch nieder.

Ebenso das Erleben, dass Gott durch sein Wort zu den Herzen junger Menschen redet - für einen Mitarbeiter in Gottes Reich gibt es kaum schönere Erfahrungen als zu sehen, wie das Leben von Jungscharlern und Teenagern verändert wird. Speziell die Themenbereiche, die in der hier vorliegenden Bibelarbeits- und Andachtsreihe behandelt werden, boten reichhaltige Felder zum Nachdenken über das eigene Leben und das Verhältnis zu Jesus Christus und seinen Maßstäben.

Jungschararbeit als missionarische Arbeit stellt gerade heute eine hervorragende Möglichkeit und Herausforderung dar. Junge Menschen mit dem Wort Gottes zu erreichen ist auch heute möglich. Wenn wir so arbeiten, dass sie es verstehen und merken, wie lebensnah Gottes Botschaft ist, fällt es ihnen leichter, sich diesem Gott anzuvertrauen.

Dieses große Ziel zu erreichen, dazu möchte das vorliegende Buch wieder helfen. Wie schon die ersten drei Bände der Reihe "ABENTEUER JUNGSCHAR", bietet das Buch eine Fülle an Anregungen, die Arbeit mit Kindern, Jungscharlern und/oder Teenagern attraktiver zu gestalten. Erlebnisreiche Hinführung zur biblischen Verkündigung ist ein Schwerpunkt. Mit vielen Sachinformationen, praxisbezogenen Spiel- und Kreativelementen, ausgearbeiteten Andachts- und Bibelarbeitsentwürfen, Buch- und Medientipps sowie einer großen Auswahl an kopierfertigen Vorlagen stellt das Buch ein gewohnt rundes Programm dar. Damit auch das "Leben als Goldgräber" ein echtes Abenteuer wird ...

s. die bereits vorliegenden Bände der Reihe "ABENTEUER JUNGSCHAR":
Band 1:
"Ein Leben in Rom"
Band 2:
"Ein Leben in Ägypten"
Band 3:
"Ein Leben als Ritter"

Gottes Segen und gute Ideen für eure Jungschararbeit!

Im Namen der Mitarbeiter

Ralf Kausemann

I. Einleitung

Ein Leben als Goldgräber

I. Einleitung

Die Frage nach neuen Programm- und Gestaltungsideen treibt wohl jeden Mitarbeiter in der Kinder-, Jungschar- und Teenagerarbeit immer wieder in Überlegungen nach dem "Wie?" und "Was?". Es stellt sowohl für die Kinder als auch für das Team eine Herausforderung dar, nicht immer wieder dasselbe zu machen. Zwar bedeutet das mehr Vorbereitung und Einsatz, doch eine begeisterte Gruppe lohnt diesen Aufwand durchaus. Bei der Suche nach Themen für Freizeiten und Lager standen also endlich die Goldgräber auf dem Plan.

❈ Willkommen bei den Goldgräbern!

Ein Erfahrungsbericht

Das Thema hat seinen besonderen Reiz: Nicht allzu weit in die Vergangenheit gerückt erlebten wir eine Welt, in der wir uns schon selbst als Kinder aufgehalten hatten: der "Wilde Westen". Die Zeit des großen Goldrauschs in Amerika hatte seit jeher ihre Anziehungskraft auf junge Leute - warum dann nicht auch in unserer Arbeit mit jungen Leuten?

❈ Ein Leben als Goldgräber - warum?

Der Gedanke, eine Jungschar- oder Teenagerfreizeit, eine Stundenreihe in Jungschar, Sonntagsschule oder Kinderstunde unter dem Thema *Goldgräber* zu gestalten, liegt nahe: *Goldgräber* - ein reizvolles Thema. Das Leben im Westen, die enormen Strapazen und Herausforderungen an Menschen und Material bei der Suche nach dem edelsten aller Metalle. Die ständige Gier nach Mehr und das große Unglück zahlloser enttäuschter "Digger". Alles das - und noch weit mehr - bietet Stoff für so manche Abenteuer. Und schließlich wird auch in der Bibel viel von Gold und Reichtum, Geld und Habgier berichtet.

s. Kapitel IV u. Kapitel V

So kam der Gedanke auf, einige Freizeiten unter dieser Thematik laufen zu lassen. In einer Bibelarbeitsreihe wollten wir die Thematik "Gold und Reichtum in der Bibel" aufarbeiten.
Es galt, die Jungscharler in diese Zeit und Welt mit hineinzunehmen, ihnen neben Spiel und Spaß auch noch ein gewisses Maß an Wissen mitzugeben und geistliche Inhalte interessant verpackt zu vermitteln.

Frühe Vorbereitung

Eine frühzeitige Vorbereitung und Einstimmung in die Gesamtthematik erwies sich wieder als nützlich und notwendig.

❈ Ein Leben als Goldgräber - Fazit

Gute Erfahrungen

Die Lager haben allen wieder große Freude gemacht - Jungscharlern wie Mitarbeitern. Es war interessant, dass es durchaus möglich ist, sich für

I. Einleitung

eine Woche (jedenfalls größtenteils) in eine andere Zeit und Kultur hineinzuleben. Zudem hat jeder Beteiligte eine ganze Menge gelernt - Erinnerungen aus dem (oft als langweilig empfundenen) Geschichtsunterricht wurden wach und in diesem Fall mit Leben gefüllt. Die Bibelarbeitsreihe über "Gold und Reichtum" schaffte eine Verbindung in die damalige Zeit. Auch die Abendandachten waren entsprechend aufgebaut.

s. Kapitel VIII

❀ Ein Leben als Goldgräber - für alle machbar

Eine solche thematische Freizeit und/oder Stundenreihe kann nur empfohlen werden! Wer die guten Erfahrungen eines ganzheitlichen Programms einmal erlebt hat, wird es so schnell nicht mehr missen wollen. Einige Voraussetzungen müssen allerdings erfüllt sein:

Voraussetzungen zur Durchführung: Motivation

- Die Mitarbeiter selber müssen hochmotiviert an die Sache gehen und die Jungscharler mitreißen. Goldgräber hatten eben andere Kleidung als wir - das sollte selbstverständlich sein ...
- Die Jungscharler/Teenager sollten möglichst frühzeitig auf das Thema eingestimmt werden (durch Rundbriefe mit entsprechendem "Outfit", besondere Veranstaltungen im Vorfeld etc.).

Einstimmung

- Die Vorbereitung einer solchen Art Freizeit ist höchst arbeitsintensiv! Frühe Planung und Vorbereitung sind unerlässlich, da es nur dann Sinn macht, ein ganzheitliches Lager aufzuziehen, wenn *alle* Programmpunkte auf das Thema ausgerichtet werden (Motto: Alles oder nichts). Ein intensives "Studium" entsprechender Literatur zur Thematik *Goldgräber* ist unbedingt notwendig. Doch der große Aufwand lohnt sich.

Vorbereitung

- Bei allem muss immer bedacht werden: Die geistlichen Inhalte dürfen unter keinen Umständen auf Kosten der äußeren Gestaltung Schaden nehmen!

Ziel nicht aus dem Auge verlieren

❀ Ein Leben als Goldgräber - wie?

Um diese Frage zu beantworten, wurde das vorliegende Buch geschrieben und zusammengestellt. Es ist das Ergebnis mehrerer auf diese Art durchgeführten Freizeiten und dient der Weitergabe guter Erfahrungen und Ideen an andere Mitarbeiter.

Das Buch bietet Stoff für eine längere Freizeit (eine Woche bis 10 Tage), kann aber auch auszugsweise für Wochenendfreizeiten oder gar einzelne Gruppenstunden und Veranstaltungen genutzt werden. Auch der entsprechenden Altersstruktur der Gruppe ist das Material gut anzupassen.

Verwendungsmöglichkeiten

Besonderen Schwerpunkt legen wir im vorliegenden Band auf die Arbeit mit der Gruppe der 9- bis 13-Jährigen. Gerade bei dieser Altersstufe wurden beste Erfahrungen gesammelt.

s. Kapitel III

Viele Ideen entwickelten sich aus Literaturquellen, gemeinsamen Überlegungen und Gesprächen sowie den Erfahrungen verschiedener Veranstaltungen. Einige gute Ideen wurden auch aus anderen thematischen Freizeiten und Lagern genommen und entsprechend modifiziert. Ebenso Glie-

I. Einleitung

derung und Aufbau dieses Buchs entsprechen - der Einheitlichkeit wegen - den ersten drei Bänden *"Ein Leben in Rom"*, *"Ein Leben in Ägypten"* sowie *"Ein Leben als Ritter"*.

s. Anhang

Die vielen Illustrationen und Abbildungen im Anhang des Buchs sind ein reichhaltiger Vorrat zur äußeren Gestaltung des Themas.

II. Jungschararbeit - die 9- bis 13-Jährigen in unseren Gruppen

"Wir haben uns verändert - und ihr?" So könnte die Anfrage eines Kindes zwischen 9 und 13 Jahren unserer Zeit lauten. Rasante Veränderungen in unserer Zeit gehen nicht spurlos an uns vorüber. Wie reagieren wir darauf in unserer christlichen Kinderarbeit? Im Folgenden wollen wir ein wenig darüber nachdenken, was sich in unserer Gesellschaft innerhalb der letzten Jahre getan hat und wie die Folgen für unsere Arbeit aussehen.

1. Die Gesellschaft: Einflüsse und Trends unserer Zeit

"Wir sind alle Kinder unserer Zeit", sagte einmal jemand und hatte zweifellos Recht damit. Keiner wird es leugnen, dass die Einflüsse um ihn herum ihn in starker Weise prägen und evtl. sogar verändern. Und was für erwachsene Menschen gilt, trifft auch auf Kinder zu. Sie haben es ja oft noch schwerer, sich gegen Trends zu stellen und Beeinflussungen zu entziehen.

Schon lange hat die Gesellschaft Gott abgeschafft bzw. für tot erklärt. Feste Grundwerte wurden Stück für Stück relativiert. Lebensglück und -erfüllung werden außerhalb der Religion in anderen Lebensbereichen gesucht. Zu einem großen Teil erhoffen sich die Menschen Zufriedenheit aus dem Materialismus. Doch gerade junge Leute erkennen mehr und mehr, dass auch dieser Weg in einer Sackgasse enden wird.

Die junge Generation hat kaum noch etwas, an das sie sich festhalten kann. Alles scheint in einem Fluss zu sein - man verliert gleichsam den Boden unter den Füßen ...
Die Folgen werden immer deutlicher:
- Das entstandene Vakuum auf religiösem Sektor wird gefüllt durch andere "spirituelle Erfahrungen" (okkulte Praktiken werden vermehrt als Angebot wahrgenommen).
- Angst und Sinnlosigkeit greifen um sich; fragwürdige Therapien (bis hin zu Hypnosetechniken, autogenem Training etc.), Wege der Esoterik werden angeboten.

Bei der Betrachtung dieser Zustände müssen wir uns vor Augen halten, dass sich diese Trends in den letzten Jahren verstärkt haben und weiter zuzunehmen scheinen. Die zweifelhaften Angebote werden vor allem der jungen Generation unterbreitet, die bewusst nach Lösungen sucht.

2. Kinder als Zielgruppe

Wir sind nicht die Einzigen, die sich um (unsere) Kinder bemühen! Das muss uns neu bewusst werden. Eine ganze Industrie müht sich um eine Generation, die Jahr für Jahr über viele Milliarden an Geldmitteln (in Form von Taschengeldern) verfügt. Wundern wir uns also nicht über wachsende Einflüsse auf Kinder.

II. Jungschararbeit - die 9- bis 13-Jährigen in unseren Gruppen

So stellte eine Marktstudie abschließend fest: "Werbung für Kids ist die Chance von heute und die Perspektive für den Markt von morgen!"

3. Haben sie sich verändert oder wurden sie verändert?
Die bis hierher aufgezeigten Fakten machen deutlich, dass die heranwachsende Generation in vielem anders ist. Doch wichtig dabei scheint es festzuhalten, dass nicht die Kids sich von sich aus verändert haben, sondern fest steht, dass sie stark von außen verändert wurden. Ab einem gewissen Alter ...
... werden sie durch Werbung und gezielte Imagepflege erwachsen gemacht - sind es jedoch nicht.
... sollen sie gegenüber allem und jedem cool sein - aber eigentlich wollen sie es gar nicht.
... werden ihnen manche Dinge angeboten, die sie nicht bewältigen können.
... werden sie eben manipuliert - und sie können nicht differenzieren.
Gleichzeitig werden christliche Werte herabgesetzt; der Gegenwind für bekennende Christen wird anscheinend stärker.

4. Gebiete der Veränderung
- Brutalisierung der Gesellschaft
Szene Schulhof: Zwei 11-Jährige ringen miteinander - das gab es schon immer. Doch früher war der Kampf spätestens dann zu Ende, wenn der andere aufgab oder gar wenn Blut floss; heute macht man weiter - es gibt scheinbar keine Grenzen mehr ... Film und Fernsehen machen es vor. Früher wurden Konflikte meist verbal ausgetragen, heute siegt nur noch der Stärkere ...
- Konzentrationsmängel
Lehrer können bestätigen: Nach 5 Minuten ist die Konzentration der Schüler oft am Ende; ein neuer "Kick" muss her, ständig müssen neue Impulse gesetzt werden, um die Kinder aus der Reserve zu locken.
- Geschwächtes Lernverhalten
Die Leistungen der Schüler werden schlechter; das Abspeichern von Wissen klappt nicht mehr so wie früher ...
- Leben in der Computerwelt
Bits und Bytes, Surfen im Internet, RAM und ROM bestimmen mehr und mehr das Leben junger Leute. Stunden werden vor dem Bildschirm verbracht. Dadurch isolieren sich die jungen Leute zunehmend voneinander. Sozialisation wird immer schwerer möglich. Von den oft vorhandenen Gefahren in sittlicher und moralischer Hinsicht soll hier gar nicht geredet werden ...
- Vereinsamung
Durch immer mehr Ein-Kind-Haushalte wächst die Gefahr eines mangelnden Gruppenverhaltens - Egoismus liegt voll im Trend.
**- Interessanterweise finden wir aber auch eine neue Begeisterungsfä-

II. Jungschararbeit - die 9- bis 13-Jährigen in unseren Gruppen

higkeit für einfache Dinge
Abenteuer, Natur und gemeinsames Erleben werden hoch eingeschätzt, wenn sie erst einmal erlebt werden. Eine gewisse Übersättigung durch Technik scheint sich hier eine Kompensation zu suchen.
- **Früher einmal vorhandenes Bibelwissen ist meist nicht mehr da!**
Selbst bei gemeindeeigenen Kindern fehlen oft die Grundlagen biblischer Lehre.

5. Fazit
Eine drastische Veränderung innerhalb der letzten 10 Jahre ist Fakt! Ob wir das wahr haben wollen oder nicht, spielt dabei keine Rolle! Die Kinder in unseren Gruppen sind anders als die, die es noch vor 10 Jahren waren. Wie reagieren wir darauf? Drei Möglichkeiten bieten sich an:
1. Es läuft alles weiter wie gewohnt (wie evtl. seit Jahrzehnten)
Die Folge *kann* sein, dass die Kids irgendwann wegbleiben (spätestens wahrscheinlich als Teens/Jugendliche), weil sie sich nicht verstanden fühlen und wir über ihre Köpfe und Möglichkeiten hinweg unsere Programme gestalten.
2. Wir schwenken voll auf die Linie der Gesellschaft um
Die Folge *wird* sein, dass wir nicht mithalten können. Unsere Inhalte werden geistlich abflachen, unsere Kraft wird aufgezehrt von fragwürdigen Aktionen ...
3. Wir ändern unsere Arbeit, wo es möglich ist, und bleiben wie wir sind, wo es nötig ist
Die Folge *wird* sein, dass die Kinder ein Entgegenkommen, ein Verstandenwerden bemerken und dies honorieren. Des Weiteren können wir aber auch konkret Hilfestellung anbieten, mit den Trends der Gesellschaft umzugehen.

6. Möglichkeiten für die Kinderarbeit
Die gegenwärtige Situation ist eine enorme Chance für die Jungschararbeit! Jungschar setzt genau hier an: Kinder dort abholen, wo sie sind und ihnen eine alternative, sinnvolle Beschäftigung verknüpft mit dem Evangelium bieten. Deshalb sollten wir verstärkt die Jungschararbeit fördern bzw. damit beginnen. Wir wollen damit gerade auch die Kinder erreichen, die nicht in unsere Sonntagsschulen bzw. Kinderstunden gehen.
Bei der Programmgestaltung wollen wir bedenken:
- Mehr Bewegung einbauen (gegen Lernschwäche, Konzentrationsmangel)
- Erlebnispädagogik (dann macht Lernen wieder Spaß ...)
- Themen einbauen, die Kids bewegen (dafür muss man sich natürlich auch selber fortbilden ...)
- Immer sachlich arbeiten! Gerade bei Reizthemen! Z. B. beim Thema Computer nicht nur die Gefahren, sondern auch die Vorteile herausarbeiten, d. h. Entscheidungshilfen anbieten; differenzieren lernen!

II. Jungschararbeit - die 10- bis 13-Jährigen in unseren Gruppen

- Bei den Liedern auch den Älteren entgegenkommen (aber gut auf Text-Musik-Verhältnis achten!)
- Generell nicht mehr Dinge voraussetzen, die nicht mehr vorhanden sind! (Bibelwissen, Gottesbild, Bibelverständnis ...) Oft müssen wir bei Null anfangen.

Genau hier setzt auch das vorliegende Material an: Es möchte helfen, biblische Inhalte verknüpft mit einem attraktiven und interessanten Programm zu vermitteln. Kinder werden in ihrer Erlebniswelt "abgeholt" und lernen "spielerisch" dazu.

III. Hilfen zur Programmgestaltung

In vielen Fällen wird das vorliegende Material für die Freizeitarbeit eingesetzt werden. Doch mit Sicherheit überlegt mancher Mitarbeiter auch, eine Stundenreihe oder eine besondere missionarische Aktion (z. B. Jungscharwoche) unter das Thema "Goldgräber" zu stellen. Für beide Fälle ist das Material ja geeignet.

Um der Durchführung einer Stundenreihe mehr entgegenzukommen, folgt an dieser Stelle die Auflistung eines möglichen Stundenreihenmodells. In diesem Modell sind die einzelnen Elemente des kompletten Programms aufbauend aufgeführt, damit der Mitarbeiter gezielt sein Programm erstellen kann. Modifiziert ist dieses Modell auch als Grundlage für eine missionarische Woche denkbar.

Stundenreihenmodell zum Thema "Ein Leben als Goldgräber"

W	Thema/Text	Kreativblock	Seite
1	L1: Kostbarer als Gold	Ein Leben als Goldgräber	38/91
2	L2: Der arme Reiche	Training für Goldgräber	39/75
3	Der Ruf des Goldes	Krimi	48/77
4	Es ist nicht alles Gold …	Geländespiel "Goldrausch"	53/80
5	L3: Kaufen nicht möglich	Basteln: Telegraf	40/67
6	L4: Ist dabei sein alles?	Geländespiel "Bärenjagd"	41/82
7	Das Gold im Ostberg	Kampf der Siedler	54/83
8	Die Ausrüstung …	Wasserspiele	49/89
9	L5: Geben für Gott	Theaterstück	42/68
10	L6: Lockende Versuchung	Basteln: Geldbeutel	43/65
11	Gefahren im Leben …	Goldrausch in Alaska	50/94
12	Werkzeuge d. Goldgräbers	Millionenspiel	52/98
13	L7: Gold-Schiffe n. Tarsis	Basteln: Schatzkiste	44/68
14	L8: Das Kalb aus Gold	Spiel 70	45/99
15	Gemeinsame Goldsuche	Claims abstecken	55/108
16	L9: Und danach?	Wie Goldgräber knobeln	46/110
17	L10: Die goldene Stadt	Bibelwettlauf	47/88

Ein Goldgräberfest mit den Eltern könnte als Abschluss der Themenreihe gefeiert werden.

Viele weitere Elemente stehen zur Verfügung.
Evtl. einzelne Dinge austauschen oder die Reihe erweitern.

IV. Geschichte und Leben der Goldgräber

Im Rahmen dieses Buches kann lediglich ein grober Überblick über die relevanten Daten und Hintergründe der Goldgräber gegeben werden. Es ist darüber hinaus gut, wenn der Mitarbeiter sich durch entsprechende Literatur weiter informiert.

1. GOLD - was ist das eigentlich?

Gold - seit Jahrtausenden Symbol für Reichtum und Macht, Glanz und Elend der Menschen. Der Mensch herrscht durch Gold und wird vom Gold beherrscht.

Der Anteil des Goldes an der Materie der Erde beträgt nur 0,0002 Prozent - in jeder Tonne Erdgestein findet man also durchschnittlich nur 0,002 Gramm davon.

Verbindungen

Gold kommt meist in Verbindung mit anderen Mineralien vor: Schwefel, Aren, Kupferkies oder Quarzablagerungen.

Rein kommt es fast nie vor. Meist in Verbindungen mit Silber, oft mit Kupfer, Platin, Eisen und Blei. Durch Silberbeimischung wird Gold heller (Weißgold; 56% Silberanteil), durch Kupfer dunkler (Rotgold).

Man unterscheidet Berggold (im Gestein) und Waschgold (auch "Seifengold"), also Gold, das durch Wasser aus dem Gestein bereits herausgewaschen wurde und nun in Flüssen gefunden wird.

Gewicht

Reines Gold ist sehr schwer. Das spezifische Gewicht ist 19,37. Ein Kilogramm entspricht einem Würfel von 37,1 mm Kantenlänge bzw. einer Kugel von 46 mm Durchmesser. Es schmilzt bei 1063 Grad und ist das dehnbarste aller Metalle: Feiner Draht kann bis 0,006 mm gezogen und Blattgold bis 0,00014 mm Dicke geschlagen werden.

Eigenschaften

Weitere Eigenschaften: Verändert sich nicht an der Luft - kein Rost wie beim Eisen, läuft nicht schwarz an wie Silber. Es widersteht den meisten Säuren.

Verwendung

Schon bald wurde Gold als Schmuck genutzt (Ägypten), sehr bald auch als Zahlungsmittel. Aufgrund des Sonnenkultes in Ägypten maß man dem Gold wegen seiner glänzenden Eigenschaften noch besondere Bedeutung zu. Die südliche Provinz wurde daher auch Nub (= Gold) genannt. Daran erinnert noch heute der Name Nubien. Aufgrund seiner "Göttlichkeit" hatte der Pharao zeitweise auch das alleinige Recht auf Besitz von Gold.

Durch die Jahrhunderte hatte das Gold dann eine konstante oder sogar wachsende Bedeutung - wegen Gold wurden Kriege geführt, Völker ausgerottet und Welten erkundet.

Bis heute hat Gold eine enorme Bedeutung - die großen Zentralbanken halten ihre Währungsreserven in Gold.

2. Goldsuche in den Jahrhunderten

Ägypten

Die Goldsuche im alten Ägypten beschränkte sich zunächst auf das Auswaschen aus dem Nilsand. Die Ausbeute war jedoch nicht sehr hoch: ca.

IV. Geschichte und Leben der Goldgräber

80 g je Tonne Sand.

Deshalb trieb man schon bald danach Stollen in die Berge, um das Gold direkt abzubauen. Die Arbeitsverhältnisse waren grausam: Es arbeiteten Sträflinge dafür (an den Füßen gefesselt), die den harten Boden durch Feuer erhitzten und so mürbe machten. Tausende Menschen brachen mit Brecheisen Brocken heraus. Diese wurden von Sachverständigen auf Brauchbarkeit untersucht und dann von den stärksten Gefangenen mit Eisenhämmern zerschlagen.

Kinder mussten in die Stollen kriechen und die Gesteinsbrocken herausholen. Diese Brocken wurden von anderen mit eisernen Keulen in Steinmörsern zermahlen bis auf Erbsengröße. In speziellen Mühlen (von Menschen angetrieben) wurden diese dann zermahlen wie Mehl. Dieses Mehl wurde auf schiefe Ebenen gebracht und mit Wasser überspült. Das schwere Gold blieb liegen, während die Erde weggespült wurde.

Goldschmelze wurde erst nach Erfindung des Blasebalgs möglich, gegen 1450 v. Chr.

Später wurden im Süden Afrikas (Punt = Rhodesien) große Lagerstätten entdeckt, die systematisch ausgebeutet wurden. Die Fahrten mit (den recht kleinen) Segelschiffen dorthin dauerten meist zwei bis drei Jahre, eine Strecke bis ca. 8.000 km (evtl. hier Salomos Goldfunde?).   *Afrika*

Babylonier und Perser waren schließlich berühmt für ihren Goldreichtum. Doch Gold brachte auch stets viel Elend und Leid mit.   *Babylon, Persien*

Bei den Griechen war vor allem König Krösos von Lydien bekannt für seinen Goldreichtum. Er fragte einmal, ob er nicht glücklich zu nennen sei wegen seines großen Reichtums. Der athenische Gesetzgeber Solon (640-616 v. Chr.) soll ihm geantwortet haben: "Ich sehe wohl, dass du große Reichtümer besitzt und König über viele Völker bist. Aber was du fragst, kann ich nicht vorher beantworten, bis ich Kunde davon habe, dass du dein Leben auch glücklich beendet hast."   *Griechenland*

In der Römerzeit wurde Gold richtig professionell abgebaut. Kein Aufwand schien zu groß: Vor allem in Nordwestspanien waren zahlreiche Goldbergwerke. Neu bei den Römern war der sogenannte Bergsturz. Dieses Verfahren war recht aufwendig, aber ergiebig: Durch weit verzweigte Stollen höhlte man den Berg regelrecht aus. Dabei stützten zahlreiche Holzpfeiler die Gänge ab. Mit bis zu 75 kg schweren Hämmern wurde gearbeitet - gesprengt mit Feuer und Essig. Nun schlug man von innen anfangend die Pfeiler nach und nach durch, bis der Berg mit lautem Dröhnen zusammenfiel. Dann wurden ganze Flüsse in dieses Gebiet umgeleitet, teilweise über 100 km weit und mehr (über Aquädukte u. ä.). Das Wasser musste jedoch genügend Gefälle haben, um die Gesteinsbrocken auszuwaschen. Dazu wurde es zunächst in Staubecken gesammelt und dann mit ganzer Wucht auf das Gestein gelassen. Unterhalb wurden Gräben ausgehoben, die das Wasser wieder auffingen. Strauchwerk (vorzugsweise Stechginster) hielt dort das Gold zurück.   *Rom*

Letztlich zerstörte jedoch das Gold das Römische Imperium, da die

IV. Geschichte und Leben der Goldgräber

Moral der Römer durch Goldgier und übermäßigen Luxus bald auf den Tiefpunkt sank.

Mittelalter

Im ausgehenden Mittelalter trieb die Gier nach Gold vor allem die Portugiesen und Spanier in die neue Welt, nach Amerika. Hier wurden ganze Völker und Hochkulturen ausgerottet - Inkas, Majas und Azteken mussten für ihr Gold mit dem Leben bezahlen.

Deutschland

In Deutschland wurde Gold am Oberrhein bis 1900 gewonnen und im Schwarzwald ähnlich lange.

Gold wurde auch zu ganz praktischen Dingen genutzt: Gefäße, Leuchter und Schalen, Schmuck und sogar Zahnplomben wurden (und werden) aus Gold gefertigt, die ersten Zahnplomben übrigens schon um 700 v. Chr.

Durch die Jahrhunderte hindurch - vor allem im Mittelalter - suchte man vergeblich nach dem sog. "Stein der Weisen", der es ermöglichen sollte, Gold aus anderer Materie herzustellen. Alchimisten verwendeten ihr ganzes Leben bei der Suche nach möglichen chemischen Prozessen - doch keinem gelang es.

3. Gold in Fort Sutter

Beginn des Goldrauschs

1848 dann begann der große Goldrausch im Westen Amerikas. An einer Sägemühle (in der Nähe von Sacramento) auf dem Gebiet des schweizer Generals John Sutter (der eine Art "Freistaat" errichten wollte) wurden Goldnuggets gefunden. Ströme von Goldsuchern verwüsteten daraufhin sein Land.

Der strapazenreiche, gefährliche Weg führte sie aus dem Osten der USA entweder über die Rocky Mountains (3.200 km; ca. 4-5 Monate; Wüste, Gebirge, Indianer) oder per Schiff über Panama (9.700 km; ca. 6 Wochen; Stürme, fiebrige Sümpfe Panamas, Cholera etc.) oder um Kap Horn (24.000 km; ca. 6-8 Monate; Stürme, Nahrungsprobleme). Viele kamen auch erstmals von Europa über den Atlantik nach Amerika!

Ausbeute

Schon nach zwei Jahren betrug die durchschnittliche jährliche Ausbeute 92.000 kg Gold (ca. die Hälfte der damaligen Welt-Goldgewinnung).

Geschichten

Interessante Geschichten gibt es:

Jack Black Crawford suchte 30 Jahre lang Gold - er war der wohl erfahrenste Goldgräber aller Zeiten - und fand doch nie mehr, als er für sein Leben brauchte, während Neulinge und Laien per Zufall oft steinreich wurden. So entdeckte z. B. Jacob Armbruster, ein schwäbischer Auswanderer, in weniger als einem Monat für 60.000 $ Gold. In einem Brief schrieb er: "Ich habe nur noch eine Sorge: Wie komme ich mit diesem Haufen Gold aus Kalifornien heraus, ohne überfallen zu werden."

Ein Preuße namens Holden fand einen 28-pfündigen Goldklumpen, der 38.000 $ Wert besaß.

1850 stieß ein enttäuschter Goldsucher mit dem Fuß in den Boden und beförderte einen 14-pfündigen Klumpen ans Tageslicht. In nur 10 Monaten wuschen die Goldgräber dort für 2.800.000 $ Gold aus dem Boden.

IV. Geschichte und Leben der Goldgräber

1850 fand George McKnight bei der Suche nach einer verlaufenen Milchkuh eine goldhaltige Quarzader, die bis heute Erträge abwirft. Für über 80 Millionen $ hat man bis dato Gold aus ihr gewonnen.

Aber auch andere Geschichten gibt es:

Ein Mann namens Stoddard wurde von einem Pfeil verletzt und schleppte sich mühsam fort. An einem See fand er das Ufer mit faustgroßen Goldklumpen übersät. Er kehrte zurück - doch dann schneite es und er musste bis zum kommenden Frühling warten, die Goldklumpen auszubeuten. Obgleich Tausende nach diesem See suchten, fand man ihn nicht wieder - das Gebiet dort ist witterungsmäßig ständigen Veränderungen unterworfen.

Ähnlich erging es mit der "Blue Bucket Mine": 40 Planwagen waren auf der Flucht vor Indianern im Gebiet der sog. Schwarzen Felsen, als man einen Canyon durchfahren musste. Kinder warfen dabei mit Steinen aus dem Gebiet in die Eimer, die an den Wagen hingen. Bei brütender Hitze versuchte man, möglichst rasch aus dem gefährlichen Gebiet herauszukommen. Abends bei untergehender Sonne erblickte man ein Phänomen: Die Räder der Wagen blinkten golden in der untergehenden Sonne - die eisernen Reifen hatten eine goldene Spur hinterlassen. Doch aufgrund der Gefahr durch die Indianer dachte niemand an etwas anderes, als heil aus dem Geschehen herauszukommen. In Kalifornien angekommen, nahm man eines Tages auch die Steine aus den Eimern - es waren blanke Goldnuggets, lediglich mit schwarzem Staub umhüllt. Im folgenden Frühling machten sich 15 Männer auf, um den Canyon wiederzufinden - doch bis auf zwei wurden sie von den Indianern getötet. Immer wieder zogen Trecks aus, um die sagenhafte Blue Bucket Mine zu finden - vergeblich. Bis heute sucht man danach. Solche Storys und Legenden gibt es zahlreiche ...

Natürlich gab es auch andere Goldfunde, z. B. in Australien, Neuseeland, Russland, Brasilien etc. Doch kein Goldfund wurde so zum Goldrausch wie Kalifornien und später (ab 1880) Alaska. Der Grund liegt wohl in der (fast) grenzenlosen Freiheit, die die Goldsucher hier genießen konnten. Man hatte teilweise eine eigene Gesetzgebung, baute neue Städte und regierte sich z. T. selber. Jeder Goldsucher konnte sich einen Claim frei abstecken und eintragen lassen - keine Gesellschaften herrschten hier, sondern der einzelne, freie Mann. Dazu kamen unglaubliche Geschichten von Goldfunden, in denen Einzelne riesige Summen an einem Tag fanden (und teilweise auch wieder verloren). Alle anderen Goldfunde standen stark unter staatlicher Aufsicht und hatten weniger Reiz für private Goldsucher.

andere Länder

4. Der Alltag eines Goldgräbers

Viel Leid beinhalten die Erfolgsstorys - doch darüber sprach niemand. Allein die Reise war Strapaze genug: Gut 25% aller Schiffe ging damals in Stürmen unter. 30% der Goldsucher gingen in Kalifornien an Infek-

Leid

IV. Geschichte und Leben der Goldgräber

tionskrankheiten wie Tuberkulose, Typhus, Cholera, Blattern und Lungenentzündung zugrunde.

Händler

Händler waren die eigentlichen Gewinner des Goldrauschs: Preise für ein Pfund Mehl von 10 Dollar, einem Ei für 1 Dollar oder ein Lot Kaffee für 1 Dollar waren keine Seltenheit. (Dabei muss man bedenken, dass 1 $ damals ca. 100 $ heute sind!)

In den Speiselokals gab es schließlich Ratten, Katzen und Hundeschenkel auf den Speisekarten. Besitzer eines Apfelbaums verkauften den Apfel für 1 Dollar, als er noch grün war. Die Käufer ritzten ihren Namen in die Schale und erschienen dann bei der Ernte.

In 10 Jahren war Kalifornien zum meist bevölkertsten Staat Amerikas geworden.

Raues Leben

Es ging rau zu im Leben des Goldgräbers. Doch interessanterweise hielt sich die schwere Kriminalität in Grenzen. Standgerichte verurteilten Diebe zu Prügelstrafen mit anschließender Ausweisung. Mörder kamen an den Strick. Das Abschneiden von Ohren, Kahlrasieren von Schädeln, Einbrennen von Brandmalen und Teeren und Federn ergänzten die Strafpalette.

Duelle fanden dutzendweise (fair) statt, ohne dass sich jemand darum kümmerte.

"Ein anständiger Mann hatte stets das Geld für seine Begräbniskosten in der Tasche."

Harte Arbeit

Die Arbeit war hart: Man sagt, dass ein Mann, der ein Jahr lang 6 bis 7 Tage die Woche 12 Stunden täglich nach Gold grub, in diesem Jahr um zehn Jahre alterte. Viele kamen um durch Gesteinsbruch, Seuchen, Indianer, Überfälle von Banditen.

Alkohol, Spielsucht und andere Laster ließen die Goldfunde schnell wieder verschwinden. Viele Städte glichen einem Vergnügungszentrum, in dem das Gold schnell seinen Besitzer wechselte.

5. Die Ausrüstung eines Goldgräbers

Kleidung

Neben Jeans, Lederstiefeln und Cowboyhut gab es noch andere Gegenstände, die zum Muss eines Goldgräbers gehörten:

Werkzeuge

Hacke, Schaufel, Sieb und Pfanne, Essbesteck und Geschirr, Gewehr und/oder Revolver, Messer, Rucksack (evtl.), Zelt und div. Kleinkram (evtl. chemische Mittel zur Qualitätsprobe). Wer vermögend war, ließ ein Maultier oder ein Pferd die Ausrüstung tragen - doch die meisten trugen sie selber.

Erfindung der Jeans

Um 1850 erfand der Goldgräber Levi Strauss aus Bayern etwas, das die Welt verändern sollte: die Jeans. Er schneiderte aus Segeltuch ein Monstrum von Hose, die nach der Wäsche die richtige Größe hatte und sich als überaus robust erwies. Alle andere Kleidung (bes. Hosen) war nämlich immer sehr schnell verschlissen. Levi's Jeans sind bis heute die gefragte Markenhose. Bald färbte man den Stoff Indigoblau, damit der Dreck nicht so auffiel. Die Nietenhose schließlich wurde von Jacob W. Davis erfun-

IV. Geschichte und Leben der Goldgräber

den - aufgrund dauernder Klagen über ausgerissene Hosentaschen. Levi Strauss starb 1902.

6. Methoden der Goldgewinnung
Berggold wurde durch Stollenabbau (s. o.) gewonnen. Daneben gab es das Waschgold, das mit Pfanne, Sieb, Hacke und Schaufel aus dem Fluss gewaschen wurde. Die "Wiege" (von chinesischen Goldsuchern erfunden) war ein Kasten mit Schaukelboden, der mit einem Hebel bewegt wurde. Größeres Geröll wurde durch die Bewegungen rausgeworfen, feinerer, goldhaltiger Sand blieb darin und fiel durch ein Sieb in einen darunter stehenden Kasten. Ein Wasserstrom spülte nun die Goldflitterchen mit dem leichten Sand weg. Der wurde in der Pfanne getrocknet und der feine Sand weggepustet - das Gold blieb übrig.

   "Long Tom": Eine lange Rinne, angeblich von einem Amerikaner namens Tom erfunden. Ein bis zwei Meter breit, Gefälle von ca. 10%, oft mehrere Kilometer lang. Starker Wasserstrom führte das Waschgut (ca. 15 mm Körnergröße) durch die Rinne. Goldkörner setzten sich an Querhölzern ab. Die feinen Goldpartikel wurden in einem letzten Becken (die "Trübe") aufgefangen und in Tüchern ausgesiebt.

Stollenabbau
Goldwaschen

7. Das Umfeld eines Goldgräbers
Städte entstehen oft über Nacht und werden oft genug wieder genauso schnell zu Geisterstädten, wenn der Goldboom nachlässt oder an anderen Stellen größere Funde gemacht werden. Durch das rasante Wachstum ist vieles provisorisch. Die Häuser sind meist aus Holz - große Brandgefahr. Oft genug brennen Städte ab. Die Straßen sind unbefestigt - es gibt Berichte von Städten mit solchen Schlammstraßen, dass Menschen und Vieh darin versinken.

   San Franzisko besteht teilweise aus Schiffshäusern, da die ankommenden Schiffseigner ihre Boote oft genug einfach im Hafen liegen lassen und sich auf Goldsuche machen. So werden Saloons, Gefängnisse und Hotels in den Schiffen eingerichtet, die nach und nach teilweise von Kaimauern umgeben werden und so regelrecht eingemauert sind.

Brandgefahr

8. Gold in Alaska
1896 begann der Goldrausch in Alaska. George Carmack und seine beiden indianischen Partner fanden Gold im Bonanza Creek am Klondike. Schon bald kamen Tausende Goldsucher hierher, steckten Claims ab (dazu wurden 4 Holzpflöcke in den Boden gerammt, ca. 170 Meter auseinander; an einem Pflock wurde ein Schild mit Namen, Datum und Nummer des Claims befestigt). Die Nummern wurden von der ersten Stelle ab gezählt, stromauf- und -abwärts. Der erste Finder durfte zwei, alle anderen nur einen Claim abstecken. Nach dem Abstecken hatte man 60 Tage Zeit, den Claim im Mining Office, der nächsten Stadt, registrieren zu lassen. Ansonsten war der Claim wieder "offen" für andere (derer gab es vie-

Gold am Klondike

IV. Geschichte und Leben der Goldgräber

le). Um einen solcher offenen Claims rankt sich die folgende Story:

Am Claim Nummer 40 oben harrten ca. 20 Goldgräber kurz vor Mitternacht in eisiger Kälte aus und warteten - den Ablauf der 60-Tage-Frist. Ein Mounty (Polizist) war dabei und verkündete schließlich Mitternacht. Dann begann der Wettlauf mit der Zeit: Die Goldgräber schlugen ihre Pflöcke ein und versuchten nun, als Erste das Mining Office zu erreichen. Ein gnadenloses Rennen begann ...

Winter in Alaska

In Alaska ist der Winter das größte Problem. Nur wenige Wochen des Jahres sind frostfrei - die Männer kämpfen oft genug gegen den Tod durch Erfrieren. Auch die Versorgung mit Nahrung birgt riesige Probleme. In einem besonders schlimmen Winter - sämtliche Versorgungsschiffe sind im Fluss eingefroren - kostet ein Pfund Mehl in Dawson City 75 $.

Der Chilkoot-Pass

Der Weg zum Klondike geht entweder zu Fuß über den gefürchteten Chilkoot-Pass nach Dawson City oder mit dem Boot über den Yukon-River - beides lebensgefährliche Routen.

Der Pass ist eine Strecke von 1.500 Stufen ins Eis geschlagen. Mann an Mann geht hier hoch und trägt die Last der Ausrüstung auf den Pass. Für seine gesamte Ausrüstung braucht man oft bis zu 3 Monate. Am Lindeman-See baut man sich Boote und fährt den Yukon flussabwärts - mit seinen gefährlichen Stromschnellen.

9. Goldrausch heute

Brasilien

Noch heute gibt es Goldfunde. So 1980 in Brasilien. Hier entstehen bspw. Kämpfe mit den Indianern, die ihr Land zu Recht in Gefahr sehen. Alkohol, Elend und Gewalt kennzeichnen die Goldfelder Brasiliens.

Südafrika

In Südafrika gehen die Minen inzwischen sogar einige Kilometer tief in die Erde hinein. Bei fast unerträglicher Hitze arbeiten hier die Angestellten der großen Minengesellschaften.

Tourismus

Heute werden viele Goldgebiete für Touristen erschlossen und man kann "gesalzene" Claims mieten oder gar erwerben. Doch alle Abenteurer geben meist nach einer Saison wieder auf: entmutigt und bankrott. Die Zeiten, wo man mit einer Waschpfanne Tausende von Dollars in Gold wäscht, scheinen vorüber, entsprechende Gebiete sind längst in der Hand professioneller Bergwerksgesellschaften.

Aber einen Goldrausch wie in Kalifornien wird es wohl niemals mehr geben - diese Freiheit ist wohl kaum mehr möglich.

V. Geld, Gold und Reichtum in der Bibel

Geld, Gold und Reichtum sowie die damit verbundenen Gefahren für das Herz des Menschen nehmen in der Bibel einen breiten Raum ein. An vielen Stellen warnt Gottes Wort vor einem unsachgemäßen Umgang mit Gütern jeglicher Art. Die Gefahr, dass das Herz des Menschen von materiellen Dingen beherrscht wird, ist größer als die Wahrscheinlichkeit, dass der Mensch die Macht über den Besitz ausübt.

Da Gold schon seit der Frühgeschichte in der Menschheit eine entscheidende Rolle gespielt hat, wird es auch in der Bibel rech bald erwähnt.

s. Kapitel IV

1. Gold

Schon auf den ersten Seiten der Bibel wird Gold erwähnt und ein Land, in dem es Gold zu finden gab: Hawila (1Mo 2,11-12).

Abraham war reich an Gold (1Mo 13,2; 24,35) und im Verlauf der weiteren Geschichte wird deutlich, dass Gold vielfach als Zahlungsmittel und Geschenk eingesetzt wurde (z. B. 1Mo 24,22; 44,8).

Beim Auszug Israels aus Ägypten nahm man viel Gold mit (2Mo 12,35), das später dann u. a. Verwendung beim Bau der Stiftshütte fand.

2Mo 20,23 macht deutlich, dass Gold schon früh auch für negative Vorhaben eingesetzt wurde: Viele Götzenbilder wurden u. a. auch aus Gold erstellt, u. a. dann auch das goldene Kalb (2Mo 32). Gott indes verbietet Götzenbilder allgemein. Für den wahren Gottesdienst hingegen sollte auch Gold gebraucht werden (2Mo 25 u. w.), zumal die Wohnung Gottes (die Stiftshütte, später der Tempel), viele Gegenstände enthielt, die aus oder mit Gold gefertigt wurden (2Mo 25-26; 1Kö 6-7). Auch in die Kleidung des Hohenpriesters war viel Gold eingearbeitet (2Mo 28). Die Bereitwilligkeit der Israeliten, für den Bau der Stiftshütte Gold zu spenden, war so groß, dass Mose gebieten musste, nichts mehr zu geben (2Mo 36).

Befähigte Handwerker und Goldschmiede gab es auch in Israel; besonders erwähnt werden hierbei Bezalel und Oholiab (2Mo 35,30 - 36,2).

In 5. Mose warnt Gott sein Volk Israel ausdrücklich davor, sich dem Gold und Besitz zu ergeben, wenn es in das Land Kanaan kommt (5Mo 8,11-14), weil die Gefahr bestand, dass sie dann Gott vergessen. Auch die künftigen Herrscher warnt er vor dem Aufhäufen von Reichtümern wie Gold und Silber (5Mo 17,17).

Unter anderem wird ein Goldbarren in Josua 7 Achan zum Verhängnis und in Richter 8 erbittet Gideon sich die goldenen Ohrringe, um daraus ein Ephod zu machen, das ihm und dem Volk zum Schaden wird.

David erbeutet während seiner Kriegszüge viel Gold aus den Nachbarländern und mehrt so den Reichtum im Königshaus. Sein Sohn Salomo schließlich wird so reich an Gold, dass die Kunde davon überall bestaunt wird. Mit dazu beigetragen haben die regelmäßigen Schiffsfahrten nach Ophir (1Kö 10,22). Jedes Jahr gingen insgesamt 666 Talente Gold beim

V. Geld, Gold und Reichtum in der Bibel

König ein (1Kö 10,14). Leider beachtete Salomo nicht die Warnungen Gottes, die dieser schon Mose gegeben hatte. So wurde ihm das Gold neben seinen vielen Frauen später zum Verhängnis.

Im Verlauf der weiteren Geschichte Israels werden die durch König Salomo angesammelten Schätze jedoch nach und nach bei Eroberungsfeldzügen fremder Herrscher geraubt. Auch die Schätze des Tempels bleiben davon nicht verschont (z. B. 1Kö 14,26; 15,18). Der Versuch Joschafats, erneut durch Schiffe Gold ins Land zu holen, schlug fehl (1Kö 22,49).

Als Assyrien zur Macht wird, versucht Ahas durch Goldgeschenke aus dem Tempel den assyrischen König für sich zu gewinnen (2Kö 16,8).

Als der Tempel schließlich durch Nebukadnezar zerstört wird, werden auch die letzten noch verbliebenen goldenen Tempelgeräte weggeschafft.

Unter Esra schließlich kommen viele der geraubten goldenen Gefäße des Tempels wieder nach Jerusalem zurück (Esr 1).

Als unter Nehemia auch die Stadtmauern wieder erbaut werden, werden ausdrücklich auch die Goldschmiede erwähnt, die sich nicht zu schade waren, am Aufbau der Mauer mitzuhelfen (Neh 3).

Im weiteren Verlauf der Heiligen Schrift wird Gold nun mehr als Vergleich bzw. Symbol herangezogen. Insbesondere wird immer wieder herausgestellt, dass es viele Dinge gibt, die weit mehr wert sind als Gold, so z. B. Gottes Wort (Ps 119,72.127), die Weisheit (Hi 28,15-17; Spr 16,16), Erkenntnis (Spr 8,10; 20,15), Anmut (Spr 22,1).

Interessant ist, dass die Meder in Jesaja 13,17 als ein Volk bezeichnet werden, die an Silber und Gold kein Gefallen haben, was wohl bedeutet, dass sie nicht bestechlich sind und sich auch durch Gold nicht von ihren Zielen abhalten lassen.

Gerade auch die Götzenbilder aus Gold werden immer wieder als nichtig und vergänglich hingestellt (Ps 115; 135; Jes 40-41). Sie können nicht helfen, und wer auf sie vertraut, ist dumm und töricht.

Im Danielbuch zeugt das Gold vom Reichtum Babylons, insbesondere unter König Nebukadnezar (Dan 2;3), während der Spott, den Belsazar mit den goldenen Tempelgefäßen trieb, ihm zum Fallstrick wurde.

Im Neuen Testament kommt Gold relativ selten vor. Die Apostel waren arm und besaßen kein Gold (Apg 3,6). Paulus vergleicht Gold mit Werken, die vor Gott Bestand haben (1Kor 3,12). In Jakobus 5,3 wird sogar davon gesprochen, dass Gold in Gottes Augen verrostet, d. h. nichts zählt.

Petrus schließlich spricht vom hohen Kaufpreis, den der Herr Jesus für uns Menschen am Kreuz gab: Nicht Silber und Gold konnten erlösen, sondern nur das Blut eines sündlosen Opfers, das er selbst gab.

In der Offenbarung wird u. a. von der goldenen Stadt, dem neuen Jerusalem gesprochen - ein Vergleich für den Glanz und die Herrlichkeit, die Gott denen bereitet hat, die ihn lieben.

V. Geld, Gold und Reichtum in der Bibel

2. Geld, Geldliebe, Reichtum
Da Gold vielfach auch Zahlungsmittel war, spielt der Begriff Geld oft die gleiche Rolle wie das Gold. An einigen Stellen der Bibel wird jedoch warnend von der Geldliebe gesprochen, d. h. von solchen, die ihr ganzes Leben auf das Geld und den Besitz hin ausrichten.

In Lukas 16,14 werden die Pharisäer als geldliebend hingestellt, die mit der Botschaft Jesu, sich mit wenigem zu begnügen, nicht einverstanden waren. Einige weitere Menschen der Apostelgeschichte zeigen in ernster Weise, wie Gott Geldliebe bewertet (z. B. Apg 5,1-5; 8,18-20; 24,26).

In 1. Timotheus 6,10 wird Geldliebe schließlich als eine Wurzel alles Bösen bezeichnet, womit das Thema wohl auf den Punkt gebracht wird.

VI. Die äußere Gestaltung des Goldgräberlagers

Veränderung der Umgebung

Zum "echten" Leben als Goldgräber gehört selbstverständlich auch das passende Outfit. Ein Goldgräber in modernster Kleidung ist schwer vorstellbar. Deshalb hier einige Tipps, das Lagerleben nach Goldgräbermanier zu gestalten.

1. Die Kulisse

Zur Kulisse zählen alle Dekorationen und Veränderungen des Freizeitheims bzw. -lagers. Dabei sollten einige Mitarbeiter (wenn möglich) einen Tag (zumindest einige Stunden) vor Freizeitbeginn die Kulisse aufbauen, damit bei Ankunft der Jungscharler der Empfang entsprechend ist.

Je nach Art der Freizeit (Heimfreizeit oder Zeltlager) bzw. sonstigen Veranstaltung wird die Dekoration in Ausführung und Aufwand natürlich unterschiedlich sein - die hier gegebenen Tipps sollen lediglich als Anregung zur eigenen weiteren Kreativität verstanden werden.

Das Mitarbeiterteam sollte auch im Vorfeld gründlich überlegen, welcher Aufwand gerechtfertigt ist - sicher werden andere Kulissen für eine 10-tägige Freizeit gefertigt als für eine einzelne Gruppenstunde. Es empfiehlt sich außerdem, möglichst viele Mitarbeiter (auch über die "Stammbesetzung" hinaus) für diese Aufgaben zu gewinnen.

Material auch anderen zugängig machen

Auch die Zusammenarbeit mit benachbarten Gruppen ist empfehlenswert - das Material kann dann reihum genutzt werden.

1.1. Wandbilder

- Vorlagen
  (s. Kapitel XIII)
- Kopierfolie
- OHP
- Tapetenbahnen
- Filzschreiber
- Farben
- Pinsel

Das Freizeitheim kann durch Wandbilder in entsprechender Größe stilecht wirken! Um solche Wandbilder zu erstellen, hat es sich bewährt, die entsprechenden Vorlagen auf OHP-Folie zu kopieren und mittels OHP auf an eine Wand geheftete Papierbahnen (z. B. Tapetenrollen) zu projizieren. Die so vergrößerten Bilder können problemlos abgezeichnet werden (z. B. mit einem dicken schwarzen Filzschreiber). Mit Abtönfarben wird dem Bild schließlich Farbe verliehen. (Noch schöner wird es, wenn man nach dem Buntmalen die Umrisse erneut mit dem schwarzen Stift (Edding) nachzeichnet.) So entstandene Wandbilder können die Größe von mehreren Metern erreichen. (Tipp: Oft geben Druckereien Reste von Papierrollen günstig oder kostenlos ab. Nachfragen lohnt sich!)

- Stoffbahnen

Möchte man die Wandbilder dauerhafter erstellen, empfiehlt es sich, anstatt der Papierbahnen (die nach mehrmaligem Auf- und Abhängen stark leiden), Stoffbahnen zu nehmen. Alte Bettlaken, Tischtücher etc. reichen hierbei völlig. Sie können in entsprechender Größe umgenäht werden und lassen sich genauso mit Abtönfarben bemalen wie Papier - teure Stofffarbe ist nicht notwendig (allerdings lassen sich die Bilder nicht waschen!).

Solche Stoffbilder lassen sich dann auch im Freien verwenden - allerdings nur bei trockenem Wetter - ansonsten muss es dann doch Stofffarbe sein.

VI. Die äußere Gestaltung des Goldgräberlagers

Gute Vorlagen von Goldgräbern, Werkzeugen, Häusern etc. findet man übrigens in speziellen Comicheften, in der Fachliteratur zum Thema Goldgräber sowie im Anhang.

Eine weitere Möglichkeit, Goldgräber-Flair ins Lager zu bekommen, ist das Aufhängen entsprechender Fotobilder (Poster). Es sollten hier Bilder von Bergen, Wüsten, Flüssen etc. sein - gerade aus den USA gibt es viele geeignete Motive.

s. Kapitel XII
s. Kapitel XIII

- Poster

1.2. Saloontüre
Der Hit ist eine echte Saloontüre, z. B. als Eingang ins Gruppenzelt bzw. in den Tagesraum. Dazu evtl. vorhandene Tür (Freizeitheim) aushängen und links und rechts einen Balken im Türrahmen verkeilen. Daran werden die typischen Schwingtüren befestigt, die man vorher gezimmert hat.

- Balken
- Holz
- Scharniere

1.3. Grenze
Schon vor Erreichen des Freizeitortes sollen die Jungscharler merken, dass sie sich nun einer Goldgräberstadt nähern. Hinweisschilder markieren deutlich die "neue Welt". Ein Name für das Goldgräberstädtchen sollte auf jeden Fall gesucht werden (bei uns hieß es "Gold-Lake-City").

Ein großes Schild markiert die Stadtgrenze. Einige "Einschusslöcher" im Schild lassen Wildwestflair vermuten. Ein Beispiel findet sich im Anhang.

s. Kapitel XIII
V4-1

1.4. Wegweiser
Wenn die Möglichkeit dazu besteht, können am Weg zum Freizeitheim Hinweistafeln aufgestellt werden, die schon bei der Anreise Spannung aufkommen lassen, z. B. "Gold-Lake-City - hier ist der Boden voll Gold und die Luft voll Blei" oder "Gold-Lake-City - suchst du Abenteuer, bist du hier genau richtig" u. ä. Beispiele finden sich im Anhang.

- Sperrholz
- Dachlatten

s. Kapitel XIII
V4-2

1.5. Fahne
Besitzt das Heim einen Fahnenmast oder eine ähnliche Vorrichtung, so kann mit einem entsprechenden Stück Stoff (groß genug) und Stofffarbe eine Flagge hergestellt werden (evtl. auch gemeinsam), die dann feierlich gehisst wird. In einem Zeltlager dürfte dieser Punkt keine Probleme bereiten, da ein Fahnenmast sicher festes "Inventar" ist.

- Stoff
- Stofffarbe

Sicher bietet sich bei der Thematik Goldgräber die US-Flagge an. Will man stilecht bleiben, sollte man die Flagge aus der entsprechenden Zeit nehmen, die man sich allerdings dann selber malen muss. Geschichtsbücher helfen hier bei der Gestaltung weiter.

- US-Flagge

1.6. Zimmerschilder
Die Räume des Freizeitheimes sollten durch entsprechende Zimmerschilder umbenannt werden: Der Speiseraum wird zum "Saloon", das Kiosk zum "Store", die Schlafräume zu "Hotelzimmern in Gold-Lake-City"

- farbiges A3-Papier

VI. Die äußere Gestaltung des Goldgräberlagers

s. Kapitel XIII
V4-3

usw. Diese Türschilder vermitteln durch eine gute Gestaltung zudem weiteres Goldgräber-Flair. Einige Beispiele finden sich im Anhang.

1.7. Gegenstände zur Raumdekoration
Geeignet sind eigentlich alle Gegenstände, die auch bei den Goldgräbern gebraucht wurden und dabei im vorigen Jahrhundert eine Rolle im täglichen Leben spielten.

- Petroleumlampen
- alte Werkzeuge

So dekorieren Petroleumlampen den Raum und geben zudem für einen gemütlichen Abend das richtige Schummerlicht. Werkzeuge können hier und da verteilt werden: Kreuzhacke, Spitzhacke, Schaufel, Sieb, Waschpfanne usw. Alle möglichst alt und rostig.

- Gewehr, Revolver

Vielleicht kann auch ein altes (Luft-)Gewehr aufgetrieben werden oder ein Revolver damaliger Bauart - hier reichen oft auch Spielzeugimitate.

- weitere alte Gegenstände

Seile, ein altes Wagenrad, ein alter Sattel mit Zaumzeug, Strohballen ... viele Dinge können Verwendung finden, bis hin zum ausgedienten Kronleuchter, der mit Kerzen bestückt an die Decke gehängt wird und Saloonatmosphäre vermittelt.

1.8. Goldgräber

- Drahtgeflecht
- Bindedraht
- Gips
- Gipsbinden
- Farben
- Pinsel

Als echter Goldgräber des Lagers kann eine Figur angefertigt werden - natürlich in Lebensgröße. Das kann übrigens auch eine gute gemeinsame kreative Aktion sein! Dafür benötigt man lediglich Draht (Bindedraht und Drahtgeflecht), einige Holzleisten (Dachlatten o. ä.) und Gips (Gipsverband und Gipspulver) und Abtönfarben.

Der Mann wird nun grob aus Draht und Holz vorgefertigt (Figur mit Beinen, Armen, Rumpf und Kopf) und dann mit Gipsverbänden und angerührtem Gips kunstvoll "verkleidet" und geformt. Nach dem Trocknen wird er stilecht bemalt. Westernhut, Jeans, kariertes Hemd und Goldgräberausrüstung runden das Bild ab.

Aufgestellt wird er im Saloon oder im Eingang des Freizeitheims.

Wer evtl. die Möglichkeit hat, eine Schaufensterpuppe auszuleihen, kann so auf recht einfache Art ein Anschauungsmodell erstellen.

1.9. Nuggets

- Kieselsteine
- Goldspray

"Echte" Goldstücke "bereichern" natürlich das Lager. Ganz einfach lassen sich Nuggets erstellen, indem man Kieselsteine (verschiedene Größen besorgen) mit Goldfarbe besprüht. Beim Kauf der Farbe darauf achten, dass sie wasserfest ist! Auch für einige Spiele können diese Nuggets Verwendung finden.

Ein Lederbeutel voll davon macht sich gut zur Dekoration (auf einer Ablage etc.).

1.10. Steckbriefe
Als besonderer Gag können noch einige Steckbriefe von Mitarbeitern oder Jungscharlern im Haus verteilt aufgehängt werden. Dazu wird ein

VI. Die äußere Gestaltung des Goldgräberlagers

Foto auf eine entsprechend auf Karton kopierte Vorlage geklebt. Wer die technische Möglichkeit hat, kann auch das Bild einscannen und so einen Steckbrief ausdrucken. Für das Ergreifen sollte eine lustige Belohnung ausgesetzt werden. Beispiele finden sich im Anhang.

s. Kapitel XIII
V4-4

2. Kleidung

Selbstverständlich gehört auch die Goldgräberkleidung zum Outfit des Goldgräberlagers. Die Jungscharler und Mitarbeiter tragen die entsprechende Mode bei allen "offiziellen Anlässen" (Spiele, Festabend etc.). Dabei sollte so viel Freiraum bleiben, dass selbstverständlich Spiele wie Fußball o. ä. in normaler Sportkleidung gespielt werden können.

Da die Goldrauschzeit mit der Erfindung der Jeans einherging, liegt es nahe, dieses bis heute beliebte Kleidungsteil zu wählen. Dazu trug man karierte Flanellhemden bzw. Blusen, evtl. ein Halstuch. Eine Weste macht sich ebenso gut, wie ein Hut, der in verschiedensten Farben und Formen zu finden war. Hier kann jeder seiner Kreativität freien Lauf lassen. Wildwest-Cowboy-hüte passen natürlich am besten in die Goldgräberperiode.

- Jeans
- Hemd/Bluse
- Weste
- Halstuch
- Hut

Da wahrscheinlich ohnehin jeder mehr als eine Jeans dabei haben wird, brauchen wir je nach Länge der Freizeit auch nicht vorzuschlagen, evtl. 2 Ausführungen mitzubringen, da es nicht anzuraten ist, die ganze Zeit in denselben Kleidern herumzulaufen (oder man legt einen Waschtag ein).

Jeans und Hemd/Bluse mitbringen zu lassen, dürfte nicht das Thema sein. Zur Anfertigung der Westen und evtl. auch der Hüte der Tipp, dass es durchaus machbar ist, dass die Jungscharler diese Kleidungsteile im Vorfeld nach entsprechender Anleitung selber anfertigen bzw. mit tatkräftiger Hilfe ihrer Mütter, Omas oder älteren Schwestern. Eine Nähanleitung, die den Teilnehmern rechtzeitig vor Beginn zugestellt wird, findet sich im Anhang.

s. Kapitel XIII
V4-5

2.1. Namensschilder

Bei der Begrüßung wird der Jungscharler durch Aushändigung seines Namensschildes feierlich im Goldgräberstädtchen willkommen geheißen. Das Namensschild kann stilecht aus Leder hergestellt werden. Mit einem Brennstab lassen sich die Namen aufbrennen (mit dem Edding geht's natürlich auch). Die Namensschilder werden wie folgt gefertigt: Die Namen werden auf ausgeschnittene Lederstücke geschrieben. Zwei Löcher mit der Lochzange hineinknipsen und einen Lederriemen zum Umhängen durchziehen.

- Lederstücke
- Lederriemen
- Brennstab oder
- Edding

2.2. Sonstige Möglichkeiten

Denkbar wären auch gemeinsam verzierte T-Shirts (z. B. mit Stofffarben), die ein einheitliches (oder auch individuelles) Lagermotiv bekommen. Ein Beispiel für solch ein Motiv findet sich im Anhang. Man kann davon eine Schablone herstellen und somit die T-Shirts bedrucken.

- T-Shirts
- Stofffarben
- Pinsel

VI. Die äußere Gestaltung des Goldgräberlagers

3. Utensilien
Neben der Kulisse und der Kleidung können viele kleine Utensilien das Leben als Goldgräber noch wirklichkeitsgetreuer werden lassen. In allen Bereichen sollte das zum Tragen kommen.

3.1. Geld
Natürlich wird die Währung umgestellt. Der Dollar ($) wird offizielles Zahlungsmittel. Dazu werden Geldscheine kopiert (Kopiervorlage im Anhang). Das Geld sollte auf farbiges Papier kopiert werden (je nach Wert eine andere Farbe).

s. Kapitel XIII
V4-6

Auch Münzen aus Pappe sind denkbar. Oder man lässt mit Nuggets bezahlen (s. 1.9.).

3.2. Urkunden
Zu jeder Freizeit gehören Urkunden für die Preisverleihung oder andere Gelegenheiten. Eine selbsterstellte Urkunde, passend zum Lagerthema, macht diese noch wertvoller. Kopiert auf einen schönen Karton, gibt die Urkunde mehr her als auf normalem Papier. (Kopiervorlage im Anhang.)

s. Kapitel XIII
V4-7

3.3. Punktegutscheine
Ein brauchbares System für die Bewertung von Wettkämpfen und Spielen ist das der Punktegutscheine. Für jeden Wettkampf gibt es diese Gutscheine für die Plätze eins bis drei (z. B. 1. Platz 150 Punkte, 2. Platz 100 Punkte, 3. Platz 50 Punkte). Jeder Jungscharler sammelt so im Verlauf der Freizeit seine Punkte. Am Ende bei der Preisverleihung gibt es dann, gestaffelt nach Punktezahlen, die Preise. (Kopiervorlage im Anhang.)

s. Kapitel XIII
V4-8

3.4. Postkarten
Eine besondere Attraktion ist die Lager-Postkarte mit Grüßen aus Gold-Lake-City. Kopiert auf weißen Karton (z. B. Karteikartenkarton), erhält sie die nötige Festigkeit. Eine Kopiervorlage mit vier Postkartenmotiven ist im Anhang enthalten.

s. Kapitel XIII
V4-9

Im "Post-Office" kann zusätzlich noch ein Informationsschild erstellt werden, auf dem die Post humorvoll über ihre umfangreichen Leistungen informiert, z. B. "Per Pferd und Postkutsche erreicht Ihre Post fast problemlos - abgesehen von möglichen Überfällen durch Postkutschenräuber - ihren Zielort. Es dauert nur wenige Wochen."
Unser Lagerbriefkasten sollte täglich geleert und der Inhalt zum Postamt gebracht werden. (Übrigens: Auch die Teilnehmerpost unterliegt dem Briefgeheimnis!)

VII. Die Lagerorganisation

Es ist vorteilhaft, die Freizeit, die Stundenreihe oder den missionarischen Einsatz in die historische Zeit des Goldrauschs hineinzuverlegen - der äußere Rahmen wird komplett darauf abgestimmt, es Jungscharlern und Mitarbeitern möglichst einfach zu machen, sich in die damaligen Verhältnisse zurückzuversetzen. Dazu tragen auch organisatorische Rahmenbedingungen bei, die in diesem Abschnitt Beachtung finden. Weiteren Organisationsfragen, wie denen der Leitungsstruktur und Mitarbeiterschaft, soll an dieser Stelle nicht nachgegangen werden.

Beispielhaft wird jedoch ein Programmraster entworfen, das zur eigenen Freizeitplanung Verwendung finden kann und Anhaltspunkte über den möglichen Ablauf eines Goldgräberlagers bietet. Ein Programmvorschlag zur Gestaltung einer Stundenreihe findet sich weiter vorne.

Erfolgreich durchgeführte Vorschläge

Vorab: Unser Lager bildet ein Goldgräberstädtchen, dem wir einen interessanten, abenteuerträchtigen Namen geben, der mit dem Ort, der Gruppe etc. in Verbindung stehen oder auch ein reiner Phantasiename sein kann.

1. Goldsucher/Sheriffs

Auch in den Städten des "Wilden Westens" herrschte eine gewisse Ordnung. Um sich organisatorisch den Verhältnissen anzupassen, schlagen wir folgende Aufteilung vor:

Struktur der Gruppe

Jungscharler: Sie sind die "Digger", die Goldsucher, die während der gemeinsamen Zeit auf der Suche nach dem begehrten Edelmetall sind. Ziel für sie ist es, die verschiedenen Kenntnisse zu sammeln, die man einfach braucht, um als Goldgräber in der Wildnis überleben zu können. Zum Ende hin erleben sie dann die Verleihung eines "Claims", also eines Stückes Land, auf dem der Digger nach Gold graben darf, mitsamt Eigentumsurkunde. Auch ein humorvoller neuer Name kann vergeben werden - vielleicht in Verbindung mit einer Besonderheit, die während der Freizeit herausgefunden wurde (z. B. Old Goldie; Quick Daniel etc.).

Teilnehmer: Goldgräber

Je nach Gesamtgruppenstärke können die Goldgräber auch zimmerweise (oder zeltweise) Gruppen mit einem Sheriff bilden, die in Spielen und bei den verschieden Aufgaben zusammenbleiben. Diese Gruppen haben dann ihren eigenen Namen usw. Wenn man dies so durchführen will, muss man auf eine gerechte Einteilung der Gruppen achten, da eine schwache Gruppe sonst schnell den Mut verlieren kann.

Mitarbeiter: Sie sind die Sheriffs, die neben der Tatsache, dass sie für Ordnung sorgen, auch den Goldgräbern beim Leben in der Wildnis behilflich sind. Unter Umständen kann der Leiter auch zum Marshall ernannt werden.

Mitarbeiter: Sheriffs, Marshall

Bei allen Spielen, Ankündigungen, Mitteilungen, Aushängen etc. sollten die o. g. Bezeichnungen verwendet werden. Sie tragen dazu bei, dass sich die Teilnehmer in die Lage eines Goldgräbers und in die damalige Zeit versetzen können.

VII. Die Lagerorganisation

2. Programm der Freizeit

Programmbeispiel

Das vorliegende Material reicht aus, um eine Freizeit von einer Woche oder gar 10 Tagen programmmäßig zu füllen. Dazu ist es sinnvoll, die einzelnen Programmelemente gut ausgewogen in ein Gesamtraster einzutragen und sich so einen Überblick zu verschaffen.

Aufgaben fest zuteilen

Bei der Planung hat es sich als nützlich und sinnvoll erwiesen, die einzelnen Aufgaben (der Vorbereitung und Durchführung der Einzelelemente) fest einzelnen Mitarbeitern zuzuteilen, die diese dann verantwortlich übernehmen und ausführen. Im Programmraster (s. nächste Seite) ist für diese Einteilung die Spalte "MA" (= Mitarbeiter) vorgesehen.

Protokoll führen

Das Team sollte sich im Vorfeld der Freizeit mehrmals treffen, um die Aufgaben zu überlegen und dann einzuteilen. Hier hat es sich als gut erwiesen, Protokoll zu führen, welches dann jedem Mitarbeiter zugeht.

Programmraster

Im Programmraster sollten sämtliche Aktivitäten der Freizeit Aufnahme finden (Bibelarbeiten, Andachten, Spiele, AGs, Basteln etc.). Ruhige und anstrengendere Programmpunkte sollten sich ablösen, und ein ausgewogenes Programm wird alle auf ihre Kosten kommen lassen.

Trotz Plan flexibel bleiben!

Jedoch darf ein festgelegtes Programm nicht die Flexibilität rauben! Wetteränderungen, Stimmungslage der Gruppe etc. beeinflussen den Ablauf, und die Freizeitleitung muss ständig für Änderungen offen sein.

Ein Höhepunkt im Programmablauf (z. B. Ausflug) ist empfehlenswert. Zum Ende hin können spezielle Spiele o. ä. das Gelernte der Freizeit vertiefen.

3. Zeitplan

- großes Plakat
- Filzschreiber

Vorschlag für einen Tagesablauf:

7.15	Gebetsgemeinschaft der Sheriffs (Mitarbeiter)
7.30	Wecken der Goldgräber (Jungscharler)
8.00	Stille Zeit
8.30	Frühstück
10.00	Bibelarbeit (mit gemeinsamen Singen) bis ca. 11.30 Uhr
12.00	Mittagessen
14.30	Kiosk (o. ä.) geöffnet
15.00	Nachmittagsprogramm
18.00	Abendessen
18.30	Kiosk (o. ä.) geöffnet
19.30	Abendprogramm
21.30	Abschluss/Andacht
22.00	Nachtruhe

s. Kapitel XIII
- Tapetenbahn
- zwei Rundhölzer
- Vorlagen
- Filzschreiber

Der Tagesplan sollte allen Teilnehmern von Beginn an zugänglich sein. Am besten schreibt man ihn - entsprechend im Wildwest-Stil aufgemacht - auf ein Plakat und bringt ihn an einem Infobrett an. Er könnte auch ständiger Bestandteil der Wandzeitung (s. 4.) sein.

VII. Die Lagerorganisation

Beispiel für ein Freizeit-Programmraster

Freizeitplanung: GOLDGRÄBERLAGER

Zeit / Tag	BA 1	MA	BA 2	MA	BA 3	MA	BA 4	MA	BA 5	MA	BA 6	MA
VORMITTAG	Anreise / Quartierverteilung / Kennenlernen		"Gottes Wort" Kleine Gruppe Große Gruppe		"Kornbauer" Kleine Gruppe Große Gruppe		"Lösegeld" Kleine Gruppe Große Gruppe		"Achan" Kleine Gruppe Große Gruppe		"Goldenes Kalb" Kleine Gruppe Große Gruppe		"Himmel" Kleine Gruppe Große Gruppe
NACHMITTAG			Training für Goldsucher (Stationenspiel)		Basteln mit Leder		AGs: - Telegraf - Schatztruhe - Weben - Taschen bedrucken - Survival - Square Dance		A.u.S.F.L.u.G.		Kampf der Siedler (Stadtbauspiel)		Bibelwettlauf
ABEND					Geländespiel "Goldrausch am Klondike"				"Silberbergwerk" (alternativ: Wasserspiele)				Kriminalfall
			Info- und Spieleabend "Ein Leben als Goldsucher"		"Claims abstecken"		Nachtgeländespiel "Bärenjagd"		Filmabend "Wolfsblut"		Goldrausch in Alaska		Goldgräberfest (Bunter Abend)
			Lagerfeuer und Stockbrot		Lagerfeuer und Stockbrot								
Andacht			Goldsuche heute		Es ist nicht alles Gold, was glänzt		gesucht - gefunden		Goldsucherkönige (Werkzeug f. Gott)		Der Goldfund (rechtzeitig zugreifen!)		Das Gold im Ostkorg
Sonstiges:			Gefangen im eigenen Safe		Der Schatz im Acker								Abschluß Aufräumen Packen Abreise

Mitarbeiter-Kürzel:

33

VII. Die Lagerorganisation

4. Wandzeitung/Freizeitzeitung
Die Zeitung braucht einen passenden Titel, z. B. Gold-Lake-City-News o. ä. Weitere Titel können sein : "Digger-Press", "Daily News", "Gold-Press" ... In die Zeitung gehören:

★ *Infos* über das Leben damals, über legendäre Goldfunde, Ausrüstungen, Karten etc. (mit entsprechender Bebilderung).

★ *Rätsel*, z. B. Was heißt ... ? Wie war das damals ...? (Hier geht es um das Wissen über das Leben der Goldgräber.) Kleine Gewinne, die ausgesetzt werden, erhöhen den Spaß.

★ *Sport* - hier gehören Beschreibungen und Ereignisse sportlicher Wettkämpfe der Freizeit hin.

★ *Aktuelles* - hier kann das eine oder andere aus dem Tagesverlauf der Freizeitgruppe erwähnt werden. Viel Humor gehört dazu, und es sollten auch ruhig die Mitarbeiter mal aufs Korn genommen werden.

★ *Internes* - hier können Küchendienst, Ordnungspunkte und dergleichen angekündigt werden.

★ Der *Spruch des Tages* muss natürlich von aufmerksamen (Mitarbeiter-) Ohren während des Tages aufgefangen werden.

★ *Sonstiges*

★ *Gesucht/Gefunden*

★ *Lokales*

★ *Neues aus aller Welt*

★ *Kuriositäten*

★ *Werbung/Kleinanzeigen*

★ *Gerüchteküche*

★ *...*

Befestigung	Mit Hilfe eines Stabes kann man eine dicke Rolle Tapete so befestigen, dass man abends die "alte Zeitung" aufrollt und so wieder Freiraum für die Neuigkeiten ist.
	In Form einer Schriftrolle mit wildwestmäßiger Gestaltung (Schriftart, Zahlen, Ränder, Bilder ...) ergibt sich zusätzlich eine gute Lagergestaltung.
Teilnehmer einbeziehen! Evtl AG bilden	Wichtig: Jungscharler zur redaktionellen und gestalterischen Mitarbeit anspornen und einbeziehen! Denkbar wäre auch ein Zeitungsteam, das mit einem Mitarbeiter als Leiter diese Aufgabe während der Freizeit übernimmt.
Erinnerung	Ein evtl. verkleinertes Gesamtexemplar für alle Teilnehmer zum Schluss der Freizeit ist eine prima Erinnerung an das Erlebte.
s. Kapitel XIII **V4-10**	Muster für die Gestaltung einer solchen Zeitung finden sich im Anhang.

VII. Die Lagerorganisation

5. Werbung für die Veranstaltung
Wenn wir mit unserer Jungschararbeit stark missionarisch tätig sind, sollten wir kräftig Werbung für unser Lager betreiben und möglichst viele Kinder unserer Umgebung einladen mitzukommen.

Dazu erstellen wir eine Einladung (s. Beispiel und Blankovorlage im Anhang), die frühzeitig gezielt verteilt wird.

s. Kapitel XIII
V4-11

Bei der Einladung zu und Teilnahme an einer Freizeit müssen allerdings einige rechtliche Rahmenbedingungen erfüllt sein, die hier stichpunktartig erwähnt werden sollen:

Vollständige Beschreibung in der Einladung von: Programminhalten, Preis und darin enthaltene Leistungen, Ortsangaben, Zeitangaben, Anreisemöglichkeiten etc.

Anmeldecoupon mit der vollständigen Adresse (und Telefonverbindung) des Teilnehmers sowie der Unterschrift eines Erziehungsberechtigten.

Angaben über den Gesundheitszustand des Teilnehmers. Dafür sollte ein gesonderter "Freizeit-Pass" erstellt werden. Regelmäßig zu nehmende Medikamente, vorhandene Schutzimpfungen, Adresse des Hausarztes, Krankenkasse des Versicherten usw. sind Angaben, die evtl. von großer Bedeutung sein können.

Ein Rundbrief kurz vor Beginn der Freizeit informiert dann die angemeldeten Teilnehmer über noch zu leistende Zahlungen, Adresse des Freizeitheims/-lagers, die Zusammenstellung des Gepäcks und sonstige wichtige Dinge.

Auch für eine besondere Stundenreihe oder missionarische Aktion sollte besonders geworben werden. So können wir Kinder unserer Stadt auf die Jungschar aufmerksam machen, denn ein "Goldgräberfest" mit allem Drum und Dran ist schon etwas Besonderes!

6. Freizeitregeln
Jede Freizeit braucht ihre festen Regeln. Diese können - evtl. auch ortsspezifisch - humorvoll verpackt sogar eine Bereicherung des Lagerlebens darstellen. Beispiele für Aushänge von Freizeitregeln finden sich im Anhang. Am Infobrett angebracht oder in die Lagerzeitung integriert, sind sie für alle jederzeit einsehbar.

s. Kapitel XIII
V4-12

7. Begrüßungsrede und Beginn der Freizeit
Eine feierliche Eröffnung des Lagers findet sicher guten Anklang und bringt Teilnehmer und Mitarbeiter zusätzlich in die richtige Stimmung. Denkbar sind:

Entsprechend feierlich gestalten

- Feierlicher Empfang der neuen Goldgräber in der "neuen Welt" ...
- Der Marshall erhebt sich, um seine Begrüßungsrede zu halten.
- Selbstverständlich trägt er seinen Stern und verliest eine Bekanntmachung für die Neuankömmlinge.
- Dabei weist er auf Recht und Ordnung hin sowie auf das, was die

VII. Die Lagerorganisation

neuen Abenteurer erwarten wird. Die Rede sollte dabei die Goldgräber aufs Lager einstimmen und kann evtl. auch die unter 6. erwähnten Freizeitregeln enthalten.
- Verteilung der Quartiere an die Knappen etc.
- Evtl. Ausgabe der Namensschilder.

VIII. Bibelarbeiten, Andachten und Stille-Zeit

1. Bibelarbeiten
Als Bibelarbeitsthema zum Thema Goldgräber bieten sich zahlreiche Begebenheiten der Bibel an, in denen es um Geld, Gold und Reichtum geht.

Im Anhang dieses Buches finden sich kopierfertige Arbeitsblätter zu 10 Lektionen über diese Thematik. Die Arbeitsblätter können nach Bedarf für die Gruppe kopiert werden und sind sehr flexibel einsetzbar:

s. Kapitel XIII

- Die einzelnen Lektionen sind in sich abgeschlossen und können bei Bedarf in zwangloser Reihenfolge eingesetzt werden.
- Auch innerhalb der einzelnen Lektionen können u. U. einzelne Arbeitsblätter weggelassen werden, falls sie sich für die eigene Gruppe als zu umfangreich erweisen sollten.
- Hinter jeder Lektion befindet sich ein "freies" Arbeitsblatt, auf dem ergänzende Gedanken, Skizzen, Merksätze etc. Platz finden können.
- Jede Lektion wird durch einen "Lernvers" abgeschlossen, der den Inhalt der Lektion untermauert. Diese Verse können gemeinsam gelernt werden. Gottes Wort ist der beste "Begleitschutz", den wir den Kindern ins Leben mitgeben können!

Auf jeden Fall sollten wir anstreben, eine Freizeitmappe mit Arbeitsblättern für die Teilnehmer anzulegen. Was gesehen und geschrieben wird, prägt sich in der Regel besser ein als nur Gehörtes. Und die Mappe kann noch lange Zeit nach der Freizeit immer wieder zur Hand genommen werden.

Freizeitmappe anlegen

Nachfolgend ein kurzer Überblick und eine Anleitung für die einzelnen Arbeitsblätter (das Ausfüllen von Lücken ist selbsterklärend, und offen gestellte Fragen sollten möglichst im Gespräch beantwortet werden):

L	Inhalt	Text	Schwerpunkt der Lektion
1	Gottes Wort	Ps 119,72	Stellenwert der Bibel
2	Reicher Kornbauer	Lk 12,13-21	Was zählt wirklich?
3	Erlösung	Ps 49,8-9	Der Kaufpreis
4	Judas	Mt 26,14-56	Dabei sein ist nicht alles
5	Gaben für den Tempel	1Chr 22,5.11-16; Mk 12,41-44	Geben für Gott
6	Achans Diebstahl	Jos 7,1-26	Schritte zur Sünde
7	Goldschiffe nach Tarsis	1Kö 9,26-28; 10,14-25	Meine Pläne - Gottes Plan
8	Das goldene Kalb	2Mo 32,1-14	Was ist ein Götze?
9	Reicher Mann und armer Lazarus	Lk 16,19-26	Was kommt nach dem Tod?
10	Die goldene Stadt	Off 21,1-7.10 - 22,5	Der Himmel

VIII. Bibelarbeiten, Andachten und Stille-Zeit

Erläuterungen zu den einzelnen Lektionen

s. Kapitel XII

Zu einigen Lektionen befindet sich im Anhang eine Bildvorlage, die als Erzählhilfe und/oder Einstieg in die Geschichte genutzt werden kann.

Lektion 1: **Kostbarer als Gold**

<u>Bibeltext</u>: Psalm 119,72

<u>Inhalt</u>: Kostbarkeit des Wortes Gottes

<u>Zielgedanke</u>: Welchen Stellenwert hat die Bibel? Hilfen zum Bibellesen.

<u>Lernvers</u>: Psalm 119,162

<u>Methodische Vorschläge:</u>

<u>Arbeitsschritte:</u>

Schatzsuche: Bibel, in Goldfolie eingepackt

1. Mit dieser Lektion soll die Kostbarkeit des Wortes Gottes gezeigt werden. Zu Beginn machen wir mit der Gruppe eine Schatzsuche: Eine in Goldfolie eingepackte Bibel wurde vorher im Haus/Lager versteckt. Wer als erster einen wertvollen Gegenstand findet, bringt ihn mit (noch nicht auspacken!). Frage: Was kennzeichnet einen Schatz?

Antworten sammeln

2. Gemeinsam wird der Schatz ausgepackt. Die Bibel wird sichtbar. Frage: Warum kann die Bibel ein Schatz sein?

Gruppen- oder Stillarbeit

3. Der Psalmvers wird gemeinsam gelesen. Frage: Warum kann der Psalmschreiber eine solche Aussage machen?

4. Was möchte Gottes Wort uns bieten (s. Arbeitsblatt 1, unten)?

Gruppen- oder Stillarbeit

5. Nach dieser "allgemeinen" Einführung in die Thematik "Gottes Wort" werden anhand von Bibelstellen die Aussagen herausgearbeitet, die Gott selber über sein Wort macht.

6. Fünf wertvolle Informationen runden das Bild über die Bibel ab. Bei der Erarbeitung kann flexibel auf die Aufnahmefähigkeit der Gruppe eingegangen werden. Nicht alles muss ausführlich behandelt werden.

7. Abschließend werden die "Tipps zum Bibellesen" gemeinsam mit den Jungscharlern erarbeitet. Dabei sollten auch Fragen über das persönliche Bibellesen nicht fehlen. Auch kann ein Hinweis erfolgen, dass eine Freizeit eine hervorragende Gelegenheit ist, "Stille Zeit" einzuüben.

VIII. Bibelarbeiten, Andachten und Stille-Zeit

Lektion 2: **Der arme Reiche**

Bibeltext: Lukas 12,13-21

Inhalt: Die Geschichte vom reichen Kornbauern

Zielgedanke: Was zählt wirklich zum Schluss (bei Gott)?

Lernvers: Matthäus 16,26a

Arbeitsschritte:

1. Einstieg über die verschiedensten Ausdrücke, die mit Geld in Zusammenhang stehen. Dazu werden verschiedene Bilder gezeigt. Frage: Womit hängen diese Ausdrücke/Bilder zusammen?

2. Zur Veranschaulichung, wie Geld in unserem Leben wirkt, könnten wir ein Geldstück als Belohnung aussetzen für denjenigen, der eine besondere Aufgabe löst … Reaktionen abwarten.

3. Dagegen stellen wir die Aussage Jesu aus dem angegebenen Bibeltext. Frage: Was bedeutet "Habsucht" - welche Gefahren stecken dahinter?

4. Deutlich machen, dass Geld an sich nicht das Schlechte ist (andere Beispiele bringen!). Entscheidend ist unser Umgang damit!

5. Bibeltext lesen und Geschichte erarbeiten.

6. Herausarbeiten, was der entscheidende Denkfehler des "armen Reichen" (Kornbauern) war.

7. Arbeitsblatt 3 zeigt deutlich, dass der Egoismus des Kornbauern sein Denken blind machte in Bezug auf Gott. Es wird deutlich, dass die Ichbezogenheit auch in unserem Leben ein Problem werden kann bzw. ist. An dieser Stelle sollten konkrete Hilfen angeboten werden, Gott wieder an die erste Stelle im Leben zu setzen.

8. Im Gegensatz zu den vergänglichen Dingen (wie z. B. Geld) erarbeiten wir die ewigen Werte, die vor Gott Bestand haben. Es muss hierbei deutlich werden, dass es auf die persönliche Gewichtung der Dinge ankommt. Es lohnt sich, nach diesen göttlichen Werten zu streben.

Methodische Vorschläge:
Bilder vom Arbeitsblatt 1 auf Folie vergrößern und zeigen

kleiner Wettbewerb

Antworten sammeln

Bildimpuls
s. Kapitel XIII
V4-13
vor dem Lesen der Psalmstelle Tipps für die Antwort entgegennehmen

eigene Erfahrungen nennen

Gruppen- oder Stillarbeit

VIII. Bibelarbeiten, Andachten und Stille-Zeit

Lektion 3: **Kaufen nicht möglich**

Bibeltext: Psalm 49,8-9

Inhalt: Erkauft durch das Blut Christi

Zielgedanke: Erlösung - warum? Wie?

Lernvers: 1. Petrus 1,18-19

Methodische Vorschläge:	Arbeitsschritte:
Geschichte erzählen	1. Als Einstieg erzählen wir vor dem Austeilen des Arbeitsblattes eine fiktive Begebenheit aus dem frühen Israel (s. Arbeitsblatt 1).
Antworten sammeln	2. Daran anschließend die Frage: Warum gab es überhaupt Opfer? Welchen Sinn hatten sie? Warum mussten unschuldige Tiere sterben?
anhand der angegebenen Bibelstellen in gemeinsamer Arbeit herausfinden oder als Gruppen- bzw. Stillarbeit	3. Nun werden die Grundsätze des göttlichen Heilsweges und Rettungsplanes erarbeitet. Anhand des Sündenfalls und der göttlichen Beurteilung unseres Zustandes wird deutlich: Rettung ist nötig.
	4. Ebenso wird der einzig mögliche Rettungsweg aufgezeigt: An Stelle des Sünders muss ein unschuldiger Stellvertreter (= Opfer) die Strafe (= Tod) auf sich nehmen. Gott verlangt, dass Blut zur Sühnung vergossen wird.
	5. Als endgültige Lösung musste ein unschuldiger (= sündloser) Mensch sterben. Die Suche Gottes ergab jedoch das vernichtende Urteil: Es gab keinen sündlosen Menschen!
	6. Wie konnte dieses Problem gelöst werden? Die Antwort liegt nun auf der Hand: Jesus Christus wurde Mensch und starb stellvertretend am Kreuz für uns.
evtl. schön eingepacktes Geschenk zur Veranschaulichung	7. Zum Schluss die Einladung an die Jungscharler, das Geschenk der Rettung anzunehmen. Am Beispiel des Geschenks kann auch schön verdeutlicht werden, dass nur der das ewige Leben bekommt, der das Geschenk auch persönlich nimmt und nutzt.

VIII. Bibelarbeiten, Andachten und Stille-Zeit

Lektion 4: **Ist dabei sein alles?**

Bibeltext: Matthäus 26,14-56

Inhalt: Die Lebensgeschichte Judas

Zielgedanke: Nur mitlaufen genügt nicht
 - eine persönliche Entscheidung ist gefragt

Lernvers: Markus 12,29-30

Arbeitsschritte:

1. Zunächst sollte von den Jungscharlern erfragt werden, was sie schon alles über Judas Iskariot wissen.

2. Dann anhand des Arbeitsblattes 1 einige Eckdaten der Bibel zu seiner Person erarbeiten.

3. Mit der Frage, was die erlebten Begebenheiten und Wunder mit dem Herrn Jesus bei Judas wohl bewirkt haben müssten, darauf hinarbeiten, dass man meinen sollte, sein Leben wäre tief davon geprägt worden.

4. Dagegengestellt werden drei weitere Bibelstellen, in denen gezeigt wird, dass Judas ganz anders handelte, als man erwartet hätte. Das Zwischenergebnis: Judas war außen fromm, doch innerlich nicht dabei.

5. Nun wird die Person des Jüngers Petrus einem Judas gegenübergestellt. Auch Petrus versagt, doch seine Reaktion ist eine andere. Diesen Gegensatz können die Jungscharler anhand der Bibelstellen herausarbeiten.

6. Abschließend wird die Lehre aus dem Leben beider Männer gezogen: Es genügt nicht, nur dabei zu sein, sondern eine innere Veränderung muss stattfinden. Gott achtet auf unsere Herzenseinstellung und nicht zuerst auf unser äußeres Erscheinungsbild.

Methodische Vorschläge:
Brainstorming
Bildimpuls
s. Kapitel XIII
V4-14
Gruppen- oder Stillarbeit

Gruppen- oder Stillarbeit

VIII. Bibelarbeiten, Andachten und Stille-Zeit

Lektion 5: **Geben für Gott**

Bibeltext: 1. Chronik 22,5.11-16; Markus 12,41-44

Inhalt: Davids Gaben für den Tempel; die Gabe der armen Witwe

Zielgedanke: Was können wir für Gott geben?
             Wie beurteilt Gott unsere Gaben?

Lernvers: 2. Korinther 9,7

Arbeitsschritte:

Methodische Vorschläge: offene Frage oder stilles Nachdenken	1. Der Einstieg erfolgt über zwei allgemeine Fragen über das Geben in unserem eigenen Leben: Wann haben wir zuletzt etwas freiwillig gegeben? Wann haben wir zuletzt etwas für Gott gegeben?
Bildimpuls s. Kapitel XIII **V4-15**	2. Davids Vorsorge in Bezug auf den künftigen Tempelbau bildet die Kerngeschichte der Lektion. König David hat während seines Lebens Gaben zurückgelegt, damit sein Sohn Salomo den Tempel für Gott bauen konnte. Darüber freute sich Gott.
Antworten sammeln	3. Die Überblendung in unser Leben heute erfolgt mit der Frage, was wir Gott zur Verfügung stellen können.
Bildimpuls s. Kapitel XIII **V4-16**	4. Die zweite Begebenheit aus Markus 12 soll zeigen, dass Gott auch kleine Gaben gern entgegennimmt.
	5. Der Grundsatz, wie Gott Gaben beurteilt, wird herausgearbeitet: Es kommt entscheidend auf das *Wie* des Gebens an!
evtl. gemeinsame Aktion starten	6. Vielleicht kann auch während der Freizeit/Gruppenstundenreihe eine Aktion gestartet werden, bei der wir etwas für Gottes Sache geben/sammeln.

VIII. Bibelarbeiten, Andachten und Stille-Zeit

Lektion 6: **Lockende Versuchung**

Bibeltext: Josua 7,1-26

Inhalt: Achans Diebstahl

Zielgedanke: Schritte zur Sünde - wie gehen wir mit Versuchung um?

Lernvers: 1. Johannes 1,9

Arbeitsschritte:	Methodische Vorschläge:
1. Eine kurze Rückblende auf die Wüstenwanderung Israels bis hin vor die Tore Jerichos leitet die Geschichte ein.	
2. Über das Bild Achans wird die Frage erarbeitet: "Was tut dieser Mann hier?"	Bildimpuls s. Kapitel XIII **V4-17**
3. Achans Diebstahl wird gemeinsam erarbeitet, ebenso die Folgen für Israel.	Gruppen- oder Stillarbeit
4. Gottes Angebot, aus dieser verfahrenen Situation herauszukommen, ist klar: Buße, Umkehr und Strafe für den Schuldigen. Der Grundsatz, dass Sünde bereinigt werden muss, kann hier gut herausgestellt werden.	
5. Das Losverfahren: Um zu zeigen, dass dies kein Zufall war, sondern Gott das Los führte, kann ein Losverfahren in der Gruppe durchgeführt werden, um einen vorher geheim Bestimmten herauszufinden.	Lose ziehen
6. An Achans Tat können die drei entscheidenden "Schritte zur Sünde" deutlich gemacht werden: sehen - begehren - nehmen. Durch Beispiele aus dem eigenen Leben wird die Thematik lebensnah.	eigene Beispiele erfragen oder selbst nennen
7. Die Taktik Satans, Christen zur Sünde zu verleiten, wird mit 1. Johannes 2,16 verdeutlicht - ein wichtiger Schritt, damit die Jungscharler erkennen, wie der Teufel vorgeht, und sich dagegen rüsten können: 1. Lust des Fleisches; 2. Lust der Augen; 3. Hochmut des Lebens.	
8. Gottes Wort gibt Abwehrtipps: Letztlich hilft nur eine konsequente Flucht vor der Sünde, wie z. B. Josef sie vollzog (bei Potifars Frau).	Beispiele aus der Bibel nennen

VIII. Bibelarbeiten, Andachten und Stille-Zeit

Lektion 7: **Gold-Schiffe nach Tarsis**

Bibeltext: 1. Könige 9,26-28; 10,14-25

Inhalt: Gott zerschlägt Joschafats Schiffe, die nach Tarsis fahren sollten.

Zielgedanke: Unsere Pläne - Gottes Plan.
Warum zerstört Gott manchmal Pläne in unserem Leben?

Lernvers: Jesaja 48,17

Methodische Vorschläge:	Arbeitsschritte:
	1. Es wird erarbeitet, wie es an Salomos Königshof war: Reichtum, Pracht, Glanz, Prunk ... Woher bekam er einen großen Teil seines Reichtums? Durch Schiffsfahrten nach Tarsis. Dort holte man Gold für den Königshof.
Gruppen- oder Stillarbeit	2. Ca. 100 Jahre später regiert Joschafat über das Südreich Juda. Einige Aussagen über sein Leben werden herausgearbeitet.
Antworten sammeln	3. Dann steht die Begebenheit seines Schiffbaus vor den Augen der Jungscharler. Gott zerstört die Schiffe in einem Sturm, und die große Frage, die aufkommt, lautet: Warum?
	4. Mit Hilfe von zwei Bibelstellen werden mögliche Gründe für Gottes Handeln mit Joschafats Schiffen herausgeschält.
evtl. eigene Beispiele nennen oder von der Gruppe erfragen	5. Daraufhin zeigen wir, dass es durchaus Situationen gibt, in denen Gott Pläne unseres Lebens zerstört, und wir das Handeln Gottes nicht verstehen.
Gruppen- oder Stillarbeit	6. Ergebnis dieser Betrachtungsweise ist, dass es deshalb wichtig ist, Gottes Willen für unser Leben zu erkennen. Wie das geht, zeigen vier Bibelstellen auf, die gemeinsam erarbeitet werden.
	7. Abschließend sollten wir Mut machen, Gott um seinen Rat und seine Weisung zu fragen. Gottes Wege sind die besten und es lohnt sich, sie zu gehen.

VIII. Bibelarbeiten, Andachten und Stille-Zeit

Lektion 8: **Das Kalb aus Gold**

Bibeltext: 2. Mose 32,1-14

Inhalt: Das goldene Kalb der Israeliten in der Wüste

Zielgedanke: Was ist ein Götze?
Wie beurteilt Gott Götzendienst?

Lernvers: Josua 24,14-15

Arbeitsschritte:	Methodische Vorschläge:
1. Ein kurzer Rückblick über die Wüstenwanderung ist zu Beginn hilfreich, um dann an die Situation am Berg Horeb zu führen.	
2. Israel macht sich einen Gott aus Gold. Die Frage ist, warum sie das tun?	Antworten sammeln Bildimpuls s. Kapitel XIII **V4-18**
3. Im nächsten Schritt wird erarbeitet, wie Gott das Handeln Israels beurteilt.	
4. Nun gilt es herauszufinden, was eigentlich ein Götze ist (verallgemeinerte Fragestellung). Grundsätzlich kann gesagt werden, dass er einen Ersatz für Gott darstellt und von Menschen erdacht/gemacht ist.	Vorschläge sammeln
5. Die Beurteilung der Bibel von Götzen(bildern) ist sehr deutlich: Gott allein ist Gott. Götterbilder sind leblos und von Menschen erdacht.	
7. Die Frage, die den Bezug zur Gegenwart herstellt, lautet: "Gibt es heute noch Götzen?"	Antworten sammeln
8. Das Gedicht vom "Wohlstandsindianer" macht deutlich, dass Götzen keineswegs "von gestern" sind. Jeder hat damit zu kämpfen, dass es nicht irgendwelche Dinge im Leben gibt, die Gott den ersten Rang streitig machen.	
9. Schließlich wird die biblische Lösung aufgezeigt, was mit Götzen zu geschehen hat: Sie müssen weg! Wir sollten Mut machen, ganze Sache mit Gott zu machen und ihm den ersten Platz in unserem Leben einzuräumen. Vielleicht können auch noch ganz konkrete Götzen in unserem Leben angesprochen werden.	Beispiele nennen und/oder erfragen

VIII. Bibelarbeiten, Andachten und Stille-Zeit

Lektion 9: **Und danach?**

Bibeltext: Lukas 16,19-26

Inhalt: Die Geschichte vom reichen Mann und armen Lazarus

Zielgedanke: Was kommt nach dem Tod?.

Lernvers: 1. Johannes 5,12

Methodische Vorschläge:	Arbeitsschritte:
Beispiele sammeln	1. Einstieg über Unterschiedlichkeit der Menschen auf der Erde. Verschiedene Beispiele zeigen, dass viele Unterschiede vorhanden sind (Alter, Geschlecht, Hautfarbe, Besitz, Intelligenz ...).
Antworten sammeln, gemeinsam überlegen und Lösung finden	2. In einem Punkt sind jedoch alle gleich: Was könnte das sein? (Jeder muss einmal sterben.)
Antworten sammeln	3. Fast alle interessiert es, wie es nach dem Tod weitergeht. Wie könnte das sein? Was kommt nach dem Sterben? Wer kann Antwort geben?
in zwei Gruppen arbeiten; Bildimpuls s. Kapitel XIII **V4-19** Erklärungen sammeln	4. Anhand der Begebenheit, die der Herr Jesus erzählt (vom reichen Mann und armen Lazarus), werden die beiden Möglichkeiten erarbeitet, wie es nach dem Tod weitergeht. 5. Die Begriffe "Abrahams Schoß" und "Hades" müssen erläutert werden. Abrahams Schoß: Ort, an dem Glück, Friede, Geborgenheit etc. sind in der Nähe Gottes. Hades: Ort der Qual, des Leids in der Gottesferne.
persönliche Frage	6. Nun stellt sich die alles entscheidende Frage fast von selbst: Wo werde ich die Ewigkeit verbringen? Wie kann ich das wissen? Wie kann ich das entscheiden?
Gruppen- oder Stillarbeit	7. Vier Bibelstellen auf dem Arbeitsblatt zeigen die Antwort auf die wohl wichtigste Frage für den Menschen.
Aufforderung zur Entscheidung	8. Die persönliche Aufforderung, eine Entscheidung für Jesus Christus zu treffen, kann anschließend folgen.

VIII. Bibelarbeiten, Andachten und Stille-Zeit

Lektion 10: **Die goldene Stadt**

Bibeltext: Offenbarung 21,1-7.10 - 22,5

Inhalt: Der Himmel - die goldene Stadt Gottes

Zielgedanke: Wie wird es im Himmel sein? Wer ist dort? Wer nicht?

Lernvers: Offenbarung 21,3b.4

Arbeitsschritte:

	Methodische Vorschläge:
1. Als Einstieg können Reiseprospekte von wunderbaren Reisezielen gezeigt werden (evtl. in Farbe auf Folie kopieren). Frage: Wer würde gerne dorthin verreisen? Was wäre, wenn ein Urlaub an diesen schönen Plätzen nichts kosten würde?	Reiseprospekte zeigen Antworten sammeln
2. Danach wird der angegebene Bibeltext gelesen.	
3. Es wird erarbeitet, was im Himmel nicht zu finden ist.	evtl. als Gruppenarbeit ausführen
4. Danach zeigen fünf weitere Bibelstellen, was die Bibel darüber aussagt, wer bzw. was im Himmel sein wird bzw. ist.	
5. Zielpunkt ist es herauszustellen, dass von den Menschen nur die im Himmel sein werden, die im Buch des Lebens geschrieben stehen.	
6. Hier kann gut die Frage nach dem persönlichen Standpunkt eingeschoben werden: Ist eine Entscheidung für Christus schon getroffen worden?	persönliche Entscheidung fordern
7. Anschließend wird die Beschreibung der Bibel über die Hölle, den Ort der Qual, erarbeitet. Auch dieser Ort existiert und darf nicht verschwiegen werden. Allerdings brauchen wir auch keine Angst durch ein unnötiges Ausschmücken der Beschreibung zu erzeugen, sondern uns sachlich und nüchtern an den Bibeltext halten.	
8. Letztlich steht die Wahl vor Augen: Wo wir unsere Ewigkeit verbringen, entscheiden wir selber jetzt und hier auf dieser Erde.	

VIII. Bibelarbeiten, Andachten und Stille-Zeit

Weitere Möglichkeiten für Bibelarbeiten
Es bieten sich in der Heiligen Schrift eine ganze Reihe weiterer Geschichten und Begebenheiten zum Thema "Geld und Gold" an. Dazu müssten jedoch Arbeitsblätter erstellt oder auf bestehendes Material zurückgegriffen werden. An dieser Stelle sei lediglich ein weiterer Gliederungsvorschlag für weitere denkbare Bibelarbeiten wiedergegeben:

Text/Thema	Zielgedanke	Bibelstelle(n)
Gehasi	Gier nach Geld und Folgen	2Kö 5; 1Tim 6,10
Zachäus	Begegnung mit JC mit Folgen	Lk 19,1-10
Ananias u. Saphira	Ehrlich währt am längsten	Apg 5
Die Stiftshütte (Tempel)	Eine Wohnung aus Gold	2Mo 25ff (1Kö 6ff)
Bauen mit Gold	Womit bauen wir unser Leben?	1Kor 3,12
Reichtum Salomos	Zum Fall gebracht	div
Demetrius, der Silberschmied	Reichtum blendet den Blick	Apg 19
Freiwillig arm	JC wurde arm, damit wir reich würden	2Kor 8,9
Der Schatz im Himmel	Worauf kommt's an?	Mt 6,19-24
Der Schatz im Acker	Alles investieren, um ans Ziel zu gelangen	Mt 13,44-46
Der reiche Jüngling	Gefahr des Reichtums	Mt 19,16-30
Magier aus dem Osten	Geschenke für JC	Mt 2
Rechtes Almosengeben	Geben - aber wie?	Mt 6,1-4
Salbung Jesu	Nicht nach dem Preis fragen	Mk 14,3-9; Jo 12,1-8
Simon, der Zauberer	Gottes Gabe ist nicht käuflich	Apg 8,18-24
Hanna	Gott macht reich und arm	1Sam 2 (bes. V. 7)
Zwei Schuldner	Erlassene Schuld bringt Dankbarkeit	Lk 7,41-43
Verlorene Drachme	Freude im Himmel über einen, der umkehrt	Lk 15,8-10

2. Andachten
Andachten rund um das Thema "Goldgräber" runden abends den vergangenen Tag ab oder werden zu besonderen Anlässen eingesetzt. Dabei wird jeweils der Bezug zum Lagerthema hergestellt.

❋ *Der Ruf des Goldes*
Möglicher Zielgedanke: Gott ruft uns - wie nutzen wir die Chance? Welchen Einsatz bringen wir?
Oder: Gott bietet unendlich viel mehr, als das vergängliche Gold bieten kann.

VIII. Bibelarbeiten, Andachten und Stille-Zeit

Mit einigen Bildern aus der Goldgräberzeit werden die Strapazen dargestellt, die die Goldgräber auf sich nahmen, wenn sie erst einmal vom Lockruf des Goldes gepackt waren. Nichts hielt sie mehr zurück - viele verkauften Haus und Hof und zogen in die neue Welt, um dort ihr Glück zu machen. Oftmals rissen sie dafür ihre Familie in den Ruin.

s. Kapitel XIII

Doch nur wenige fanden das erhoffte Glück. Die wenigsten Goldsucher wurden wirklich reich und etliche, die es geschafft hatten, verloren ihre Habe in der nächsten Spielhalle, Kneipe oder es wurde ihnen gestohlen. (Diese Geschichten können mit wahren Begebenheiten ausgeschmückt werden, die man in der entsprechenden Literatur immer wieder finden kann.)

Gott hingegen bietet uns mehr: ewiges Leben, Gotteskindschaft, seine Führung und Leitung auf dieser Erde durch den Heiligen Geist … Hat uns dieser "Lockruf" erreicht? Wie reagieren wir auf dieses großartige Angebot? Was investieren wir an Zeit und Mühe für ihn? Sind wir bereit, alles aufzugeben für eine Sache, die ewigen Bestand hat?

Die begonnene Freizeit (oder Stundenreihe, missionarische Woche ...) ist eine Chance, diesem Ruf zu folgen, sozusagen das Glück seines Lebens zu finden. Allerdings sollten wir es uns gut überlegen: Es ist die Chance des Lebens, doch Gott fordert unser ganzes Leben! Ein schneller Entschluss kann nötig sein, doch er muss gut durchdacht werden. Kommen wir zu dem Schluss, dass es sich lohnt, Gott das Leben zu geben, sollten wir nicht zögern, sondern alles andere aufgeben und ihm folgen.

s. Kapitel XIII
V4-20

(Diese Andacht eignet sich gut als Einstieg in die entsprechende Themenreihe.)

❋ *Die Ausrüstung des Goldsuchers*
Möglicher Zielgedanke: Als Christen müssen wir die richtige Ausrüstung haben, um wohlbehalten und gut ans Ziel zu gelangen.

Der Mitarbeiter kommt in voller Goldsucherausrüstung in den Saal und erzählt eine Story vom langen Suchen nach Gold, seinen Funden, seiner Pechsträhne usw. (ausschmücken). Dabei berichtet er auch von seinen Werkzeugen, die ihm überall gute Dienste geleistet haben und ohne die ein Leben in der Wildnis undenkbar wäre (Schaufel, Hacke, Goldwaschpfanne, Sieb, Jeans, Stiefel, Hut, Handschuhe etc.).

Immer wieder fragt er auch die Zuhörer, wofür die einzelnen Ausrüstungsgegenstände gut sind. (Aushilfsweise geht auch eine Abbildung mit einem Goldsucher in voller Ausrüstung.)

Dann wird übergeleitet auf das Leben als Christ. Brauchen wir hier auch eine Ausrüstung? Warum? Welche Ausrüstungsgegenstände gibt es? Welche sind unverzichtbar?

Überleitung auf Epheser 6,10-18: die Waffenrüstung Gottes. Hierbei sollten wir gut überlegen, ob wir die einzelnen Ausrüstungsgegenstände behandeln oder die Ausrüstung als Gesamtangebot hinstellen (evtl. in weiteren Andachten die einzelnen Gegenstände). Ansonsten besteht die

VIII. Bibelarbeiten, Andachten und Stille-Zeit

Gefahr, dass die Andacht zu sehr in die Länge geht.

Als wichtig und unverzichtbar jedoch sollte herausgestellt werden, dass der Christ eine Ausrüstung hat und davon Gebrauch macht.

❋ *Das Gold und die Indianer*
Möglicher Zielgedanke: Das Herz des Menschen ist von Grund auf schlecht und verdorben.

Erzählt wird die Strategie, die die amerikanische Armee immer wieder im Kampf gegen die Indianer angewandt hat: Schaffte man es nicht, die angestammten Einwohner zu vertreiben, ließ man verkünden, dass sich Gold im Indianergebiet befindet. Daraufhin zogen schnell Scharen von Goldsuchern und Glücksrittern in dieses Gebiet und machten den Indianern ein Leben schier unmöglich. Wehrten sich diese gegen die Eindringlinge, hatte man endlich einen "Grund", sie zu bekämpfen. Ähnlich machte es auch der berühmt-berüchtigte General Custer in seinem Kampf gegen Sitting Bull. (Die ausführliche Geschichte ist in manchen Büchern enthalten und ist sehr interessant.)

s. Kapitel XIII
V4-21

Dieses Verhalten zeigt deutlich das Herz des Menschen, das von Grund auf schlecht ist - das ist auch die biblische Botschaft. Immer wieder vertrauten die Indianer den Versprechungen der Weißen und immer wieder brachen diese die Verträge mit ihnen. Vor allem das listige Vorgehen von General Custer ist ein markantes Beispiel dafür.

❋ *Original oder Fälschung?*
Möglicher Zielgedanke: Um uns freizukaufen, musste ein "Originalpreis" gezahlt werden: Das Blut eines sündlosen Menschen musste fließen. Nichts anderes war in der Lage, uns zu erlösen.

Erzählt wird eine (ausgeschmückte) Geschichte von einem Greenhorn (= Neuling) im Wilden Westen. Er möchte sein Pferd verkaufen, da er sesshaft werden will. Da kommt ein Mann auf ihn zu und bietet ihm eine Summe in Gold an. Da der Preis gut ist, überlegt er nicht lange und verkauft das Pferd. Das Gold bekommt er sofort.

Als er jedoch bei der Bank das Gold gegen Dollar eintauschen möchte, wird er darüber aufgeklärt, dass es sich um "Katzengold" (= Falschgold, wertloser Goldglimmer) handelt. Er ist bitter betrogen worden.

Die Überleitung erfolgt über den Kauf: Wir Menschen mussten erkauft werden aus der Gewalt des Teufels. Doch dazu war kein billiger Kaufpreis in der Lage. Nicht einmal alles echte Gold der Welt hätte gereicht. Nur das Blut Jesu, als eines Lammes ohne Fehler und Flecken, war in Gottes Augen tauglich als Lösegeld.

❋ *Gefahren im Leben eines Goldsuchers*
Möglicher Zielgedanke: Gefahren im Leben eines Christen und wie können wir uns schützen?

VIII. Bibelarbeiten, Andachten und Stille-Zeit

Ein Goldsucher lebte gefährlich - überall lauerte die Gefahr. Ob es Krankheiten waren, die sein Leben bedrohten, ob Banditen, die seinen Reichtum wollten, ob die Indianer, die oft genug den Goldsuchern zusetzten - gegen alles musste er gewappnet sein. Wilde Tiere brachten oft genug die Männer in aussichtslose Lagen. Dazu kamen die harten Winter, in denen mancher sein Leben lassen musste. Versorgungsschwierigkeiten, Wassermangel in der Wüste und vieles mehr trafen manchen hoffnungsvollen Goldsucher unerwartet hart. (Hierzu könnte man eine Szene spielen, in der zwei Goldsucher entsprechend aus ihrem Leben und von ihren Abenteuern berichten.)

Es wird dann übergeleitet auf das Leben als Christ, in dem es auch allerhand Gefahren gibt. Immer wieder versucht der Teufel, uns zu Fall zu bringen, indem wir sündigen. Seine Angriffe verlaufen dabei sehr unterschiedlich und oft nicht berechenbar. Immer hat er jedoch als Ziel, uns als Christen lahmzulegen, damit wir nicht für Christus tätig sein können. Er möchte unsere Gemeinschaft mit Jesus stören, damit wir nicht an diese Kraftquelle angeschlossen sind.

Hier heißt es als Christ, wachsam zu sein. Schützen können uns die sogenannten "vier G": Gebet, Gottes Wort, Gemeinschaft (mit Christen) und Gehorsam. (Diese Aspekte können je nach Bedarf ausgearbeitet werden).

❋ *Der Mann im Tresor (gefangen im eigenen Safe)*
Möglicher Zielgedanke: Angesichts des Todes werden die Werte dieser Welt wertlos. Was zählt wirklich?

Mit dem entsprechenden Bildmaterial wird die folgende Story erzählt (die sich angeblich in den USA einst wirklich zugetragen haben soll):

s. Kapitel XIII
V4-22

Ein sehr vermögender Mann hatte seinen Reichtum in einem großen, begehbaren Tresor untergebracht. Die schwere Stahltüre war das Beste und Sicherste, was der Markt zu bieten hatte. Immer wieder begutachtete er dort seine Reichtümer. Sein Angestellter hatte unter anderem die Aufgabe, zum Abschluss des Tages nachzusehen, ob der Tresor auch verschlossen war und dies, sollte es noch nicht geschehen sein, abends zu tun.

Es geschah nun folgende tragische Begebenheit: Am letzten Arbeitstag, bevor er für drei Wochen seinen Urlaub antrat, führte der Angestellte treu seine letzte Tagespflicht aus und verschloss den Safe - allerdings ohne zu bemerken, dass der Hausherr sich gerade in einer der hinteren Ecken des Tresors aufhielt. Dieser wiederum merkte zu spät, dass die Türe verschlossen wurde. Zwar rief und schrie er, dass sie geöffnet werden solle, doch der dicke Stahl ließ keinen Schall hindurch. So war er also gefangen in seinem eigenen Safe.

Mit Erschrecken dachte er auch daran, dass sein Angestellter nun drei Wochen verreiste. Alle Bemühungen, den Tresor in irgendeiner Weise von innen zu öffnen, mussten scheitern. Er konnte nur hoffen, dass durch

VIII. Bibelarbeiten, Andachten und Stille-Zeit

irgendeinen Zufall jemand von außen käme. In seiner Not schrieb der reiche Mann in sein Notizbuch, dass derjenige, der ihn aus der schrecklichen Lage befreien würde, 1.000 $ erhalten solle.

Diese Summe erhöhte er nun mit jedem Tag, mit dem die erhoffte Hilfe ausblieb. So standen bald Summen von 1 Million $ auf seinem Zettel. Nach langem Warten, als er schon am Ende seiner Kräfte war, setzte er sein gesamtes Vermögen als Belohnung aus für den, der ihm das Leben retten würde. Es kam jedoch keiner und der Angestellte fand nach seinem Urlaub lediglich den Leichnam des reichen Mannes.

Diese Begebenheit zeigt, wie Werte dieser Welt an Wert verlieren und schließlich wertlos werden, wenn sie im Vergleich zu den ewigen Dingen gebracht werden. Nicht auf Geld sollen wir unsere Hoffnung setzen, sondern auf Gott. Dieser Gedanke kann weiter ausgeführt werden.

❈ *Die Einsamkeit des Goldsuchers*

Möglicher Zielgedanke: Bewusst einsame Momente suchen und sie als Chance nutzen, mit Gott Gemeinschaft zu haben (z. B. "Stille Zeit").

s. Kapitel XIII
V4-23

Im Leben der Goldsucher gab es viele einsame Zeiten. Wochen und Monate waren manche von ihnen in der Wildnis an irgendeinem Bach oder Fluss und wuschen Tag für Tag Gold. Die Einsamkeit war sicher für viele unerträglich (Geschichte ausschmücken).

Heute ist es in unserem Leben geradezu umgekehrt. Es gibt kaum mehr einsame Momente. Von morgens bis abends haben wir Hektik und Betriebsamkeit, Lärm und Unternehmungen. Da bleibt keine Zeit mehr für Stille. Schon junge Menschen haben einen Terminkalender und der ist nicht gerade leer. Neben der Schule sind da Vereine, Musik, Sport etc. und viele Dinge mehr.

Und doch ist Stille unglaublich wichtig - gerade in Bezug auf unsere Beziehung zu Gott. Denn er redet in der Stille. Deshalb ist es heute unbedingt notwendig, dass wir uns bewusst Zeiten der Stille nehmen (z. B. morgens), um diese "Stille Zeit" dann mit Gott zu verbringen (diesen Gedanken ausbauen).

❈ *Werkzeuge des Goldgräbers*

Möglicher Zielgedanke: Gott möchte uns als seine Werkzeuge gebrauchen.

Ein Mitarbeiter kommt als Goldgräber mit voller Ausrüstung in den Saal (Schaufel, Waschpfanne, Hacke, Hammer, Nägel, Petroleumlampe, Messer ... entsprechende Kleidung). Er erzählt, er sei ein Durchreisender zum Yukon-River, wo er sich einen Claim abstecken möchte. Die Pflöcke hat er schon dabei, auch den Hammer, um sie in die Erde zu schlagen. Er bittet die Zuhörer, da er noch ein Greenhorn ist, die Ausrüstung auf Vollständigkeit zu überprüfen. Dabei lässt er die Jungscharler erklären, was man wofür braucht und zeigt die Gegenstände der Reihe nach vor.

Überleitung zur Anwendung: Gott möchte dich und mich als Werkzeu-

VIII. Bibelarbeiten, Andachten und Stille-Zeit

ge gebrauchen, um sein Reich zu bauen. Wie werden wir Werkzeuge? Wie kann er uns gebrauchen? Wozu möchte er uns haben? Welche Aufgaben gibt es? Welche Aufgaben hat jeder Christ?

Es ist einfach schön, dass der Schöpfer seine Kinder für seine Sache einsetzen möchte - lass dich auch gebrauchen und frage Gott nach seinen Aufgaben für dich!

❋ *Der Goldfund am Strand*
Möglicher Zielgedanke: Das Rettungsangebot schnell annehmen - es kommt eine Zeit, da ist es zu spät.

Die folgende Begebenheit ist wirklich passiert und kann als solche erzählt werden: Eine junge Frau ging während ihres Urlaubs in Spanien am Strand spazieren. Sie ging barfuß im Sand und die Wellen umspülten ihre Füße immer wieder. Plötzlich sah sie für einen Augenblick zu ihren Füßen etwas golden aufblitzen - sie zögerte nicht lange und griff zu. In der Hand hielt sie einen goldenen Ring! Da weit und breit keine Menschenseele zu sehen war, musste der Ring vor einiger Zeit von jemandem hier verloren worden sein. Auch war keine Gravur vorhanden, die auf den Besitzer hinwies.

goldener Ring

Hätte sie nicht in eben diesem Augenblick zugegriffen, wer weiß, vielleicht hätte die nächste Welle den Ring schon wieder fortgespült?! So gibt es Gelegenheiten im Leben, da muss man direkt zugreifen, sonst kann es sein, dass eine solche Gelegenheit nie wieder kommt.

Ebenso kann es mit dem Rettungsangebot Gottes sein: Die Bibel gibt an keiner Stelle die Verheißung, dass Gott immer wieder eine Gelegenheit zur Annahme des Heils schenkt. Vielmehr kann es sein, dass der Punkt kommt, wo dieses Angebot für den Einzelnen nicht mehr so deutlich gemacht wird. Und insgesamt kommt einst der Tag, an dem Jesus Christus wiederkommt - dann ist die Chance auf Rettung für alle vertan.

❋ *Es ist nicht alles Gold, was glänzt*
Möglicher Zielgedanke: Nur echtes Christsein zählt! Wer ist echt?

Viele verschiedene Dinge sehen wunderbar aus und glänzen wie Silber und Gold, sind jedoch kein echtes Edelmetall (Gegenstände vorführen, z. B. Messing, Kupfer, Geldstücke, Goldfolie, Silberfolie, poliertes Eisen, Aluminium etc.). Um herauszufinden, ob es sich um echtes Gold handelt, hatten die Goldsucher eine bestimmte Methode: Sie machten den Salpetertest. Gold widersteht der Salpetersäure im Gegensatz zu den meisten anderen Metallen. Viele Goldgräber wurden vor allem durch das sogenannte "Katzengold" genarrt, einem völlig wertlosen, gold-glänzenden Gestein.

So gibt es auch heute viele, die sich Christen nennen und vielleicht auch meinen, sie seien es, aber keine Neugeburt durch Gott erfahren haben. (Hier ausführen, wie man echter Christ wird.) Bei Gott zählt jedoch nur echtes Christsein - er kennt seine Kinder genau.

VIII. Bibelarbeiten, Andachten und Stille-Zeit

s. Kapitel XIII
V4-24

❋ *Das Gold im Ostberg*
Möglicher Zielgedanke: Gottes Angebot in Christus gilt, doch viele Menschen meinen, auch anders den Weg zum Glück finden zu können. Während ihre Methoden aber letztlich scheitern müssen, kommen die zum Ziel, die dem Wort Gottes kindlich vertrauen.

Die folgende Geschichte kann mit den entsprechenden Bildern erzählt werden:

(Bild 1) Im Reich eines mächtigen Königs lebten alle Menschen in großer Armut. Sie wussten kaum, was sie essen und womit sie sich kleiden sollten. (Bild 2) Auch das Land selbst war verödet und trug keine Ernten mehr ein. Trockenheit und Dürre machten sich mehr und mehr breit und forderten ihren Tribut.

(Bild 3) Der König jedoch wollte nicht, dass sein Volk so leiden musste. Er selbst war unermesslich reich und wollte davon etwas abgeben, um die Not zu lindern. (Bild 4) Es schmerzte ihn in sein Herz hinein, wenn er das Elend der Menschen sah. So beschloss er einen Plan. (Bild 5) Um diesen zur Ausführung bringen zu können, ließ er seinen einzigen Sohn kommen und beauftragte ihn mit einer großen Aufgabe: "Bring mein Gold zum Ostberg und vergrabe es dort!", sprach er zu ihm. Der Sohn war gehorsam. (Bild 6) Und einige Zeit später kehrte er von seiner schweren Arbeit heim - alles Gold des Königs war im Ostberg vergraben worden. Nun ließ der König durch seinen Sohn im ganzen Reich verkünden, dass im Ostberg Gold zu finden sei, jede Menge Gold. Man brauche nur hinzugehen und es zu holen. Mit dem Gold könne man sich im Palast eine Wohnung kaufen und für alle Zeit beim König leben, an seinem Tisch essen und brauche keine Not mehr zu leiden.

(Bild 7) Die Reaktionen waren unterschiedlich: Einige sagten, der junge Mann dort sei nie und nimmer der Königssohn (obgleich sie ihn noch nie gesehen hatten). Andere meinten, es sei eine glatte Lüge und der König wollte sie nur zum Narren halten. Wieder andere ließen sich beeinflussen und glaubten anderen Reden, die sagten, es gebe Gold, doch nicht im Ostberg, sondern eher im Südberg oder Westberg, vielleicht auch im Nordberg. Und so zogen viele los, doch die meisten in die falsche Richtung. Nur Einzelne glaubten dem Königssohn und gingen wirklich zum Ostberg. Dort fanden sie auch das Gold.

(Bild 8) Sie wurden im Palast herzlich willkommen geheißen, bekamen neue Kleider und eine Wohnung im Königshaus. Hier hatten sie keinen Mangel mehr und lebten glücklich und zufrieden.

(Bild 9) Solche, die zu anderen Stellen im Reich gingen, um fündig zu werden, kamen auch. Doch ihre Steine erwiesen sich als Falschgold, obgleich sie verführerisch glänzten. Sie wurden nicht eingelassen im Palast, denn nur des Königs Gold war echt.

(Bild 10) Doch das Unglaublichste kommt erst noch: Die, welche nun im Palast wohnten, gingen los, um ihr Glück weiterzusagen und luden auch andere zum Ostberg ein. Jeder konnte sehen, wie froh sie waren,

VIII. Bibelarbeiten, Andachten und Stille-Zeit

doch keiner wollte ihnen Glauben schenken.

(Bild 11) Manche, die das wahre Gold fanden, aber noch nicht im Palast eingelöst hatten, wurden durch zahlreiche Versuchungen davon abgehalten, zum Palast zu gehen. Es gab sogar viele Menschen, die inzwischen Bücher gegen die Botschaft des Königssohnes geschrieben hatten und nur noch darauf aus wahren, andere davon abzuhalten, zum Palast zu gehen. Ihre Botschaft war ganz einfach: "Im Ostberg gibt es kein Gold!" Leider schenkten ihnen viele Glauben.

(Bild 12) Und so geschah es, dass das Gold im Ostberg fast unberührt blieb.

❋ *Gemeinsame Goldsuche*
Möglicher Zielgedanke: Gemeinsam sind wir stark ... - der Wert der Gemeinschaft

Goldsucher haben sich oft in Gruppen zusammengeschlossen, um effektiver nach Gold zu graben/waschen. In solchen Gruppen konnten Arbeiten verteilt werden und manche schwere körperliche Tätigkeit war so eher zu verrichten. (Hier könnte eine Szene gespielt werden, wie ein Goldsucher eine Arbeit nicht alleine schafft. Andere kommen und helfen, dann gelingt es.)

Christen sind auf Gemeinschaft angewiesen. Alleine schafft man den Weg der Nachfolge kaum. Gott hat Gemeinde gegeben, damit wir gemeinsam das Ziel erreichen (Gedanken ausführen).

❋ *Was tun mit dem Gold?*
Möglicher Zielgedanke: Was mache ich mit Gottes Gaben an mich?

Die Goldgräber hatten nach erfolgreicher Suche oft nichts Besseres zu tun, als in den nächsten Saloon zu gehen und dort ihren Fund in Whisky umzuwandeln. So ging manches Vermögen "den Bach runter". Wer auf Dauer etwas von seinem Gold haben wollte, musste seine Schätze sinnvoll gebrauchen, das Geld anlegen und für später aufbewahren.

Anwendung: Was machen wir mit den Gaben, die Gott uns schenkt? Geld, Zeit, Energie, Fähigkeiten und Begabungen sowie geistliche Gaben sind uns gegeben, damit wir sie sinnvoll für Gott einsetzen. Leider werden sie auch oft verschleudert. Wie handeln wir?

❋ *Heute reich - morgen arm*
Möglicher Zielgedanke: Der Glaube, die Gotteskindschaft ist eine sichere Sache! (Heilsgewissheit)

Ein Goldsucher erzählt seine Geschichte (ausschmücken): Er macht einen großen Fund - den Fund seines Lebens. Von jetzt auf gleich war er steinreich. Doch wenig später kamen Banditen und stahlen ihm sein gesamtes Vermögen. Das Gold war nicht beständig für ihn.

Anwendung: So vergehen alle Dinge dieser Welt. Nichts davon hat

VIII. Bibelarbeiten, Andachten und Stille-Zeit

Bestand. "Das letzte Hemd hat keine Taschen", sagte einmal jemand. Das Einzige, was ewigen Bestand hat, kann nur von dem sein, der selbst ewig ist: Gott. Wenn er uns neues Leben schenkt und uns zu seinen Kindern macht, haben wir das ewige Leben fest und sicher - niemand kann es uns rauben (1Jo 5,12-13).

❋ *Die große Hoffnung*
Möglicher Zielgedanke: Die Hoffnung auf Christus enttäuscht nie!

Viele der Goldsucher sind ihr Leben lang arm geblieben. Nie haben sie den Fund gemacht, von dem sie seit Beginn ihrer Suche geträumt haben. Und doch gaben die meisten ihre Hoffnung lange nicht auf. Immer wieder hörten sie fantastische Geschichten von sagenhaften Goldfunden. Das motivierte sie, es weiter zu versuchen. Vielleicht käme ja doch noch der große Tag …

Überleiten auf Hoffnungen in unserem Leben: Schule, Arbeit, Geld, Freundschaft … Was sich davon erfüllt, wissen wir nicht. Aber es gibt eine Hoffnung, die sich in jedem Fall erfüllen wird: Diese Hoffnung ist lebendig, sie ist in Christus begründet - die Hoffnung auf das ewige Leben in der Herrlichkeit, die Hoffnung auf die Wiederkunft Christi. Er hält sein Wort und das Hoffen darauf ist nicht vergebens (Gedanken ausführen).

❋ *Krösus - der reichste Mann des Altertums*
Möglicher Zielgedanke: Gold allein macht nicht glücklich - wahres Glück

Die folgende Begebenheit wird von Herodot erzählt: Der sagenhafte lydische König Krösus (560-546 v. Chr.) hatte einst den athenischen Gesetzgeber Solon zu Besuch. Krösus, der berühmt war wegen seines ungeheuren Goldbesitzes, zeigte ihm alle Schätze und fragte dann: "Bin ich nicht glücklich zu schätzen wegen dieses großen Reichtums?" Solon soll geantwortet haben: "Ich sehe wohl, dass du große Reichtümer besitzt und König über viele Völker bist. Aber was du fragst, kann ich nicht vorher beantworten, bis ich Kunde davon habe, dass du dein Leben auch glücklich beendet hast."

Diese weise Antwort macht deutlich, dass Gold nicht alles ist und Geld nicht wirklich glücklich macht - es gibt weit mehr, das zählt, und die letzte Abrechnung kommt erst am Ende des Lebens (Gedanken ausführen).

3. Stille Zeit
Den Tag mit Gottes Wort zu beginnen ist eine gute Sache, die zur Gewohnheit werden sollte. Mit den Jungscharlern lässt sich die "Stille-Zeit" gut gemeinsam einüben. Dazu können Kleingruppen gebildet werden oder die Jungscharler machen einzeln ihre Bibellese mit Gebet. Allerdings sollten die Mitarbeiter in jedem Fall Tipps zum richtigen Bibellesen und zur Durchführung der Stillen-Zeit geben, damit diese auch sinnvoll abgehalten wird.

VIII. Bibelarbeiten, Andachten und Stille-Zeit

Passend zum Thema und als Hilfe für die Stille-Zeit der Jungscharler wird folgend eine Bibellese für einen Monat gegeben. Sie kann für die Teilnehmer kopiert werden und dient als Bibellesehilfe mit Textangabe, kurzer Auslegung und einigen Fragen bzw. Aufforderungen zum Text. So kann ein Ring- oder Schnellhefter angelegt werden, damit die Stille-Zeit auch nach der Freizeit fortgeführt werden kann.

Hier zunächst einige Tipps zum Bibellesen, auf den Folgeseiten dann die Texte.

Tipps zum Bibellesen:

Folgende Schritte haben sich beim Bibellesen bewährt:

1. Bete zu Gott, dass er dir hilft, den Bibeltext zu verstehen und daraus für dein Leben zu lernen.

2. Lies in deiner Bibel den jeweils angegebenen Bibeltext.

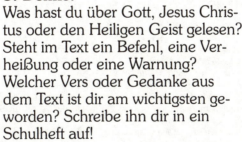

3. Denke:
Was hast du über Gott, Jesus Christus oder den Heiligen Geist gelesen? Steht im Text ein Befehl, eine Verheißung oder eine Warnung? Welcher Vers oder Gedanke aus dem Text ist dir am wichtigsten geworden? Schreibe ihn dir in ein Schulheft auf!

4. Bete und antworte Gott so, z. B. durch Dank oder eine Bitte für dich oder andere Menschen.

5. Handle nun auch nach dem, was du gelernt hast. Gottes Liebe an andere weitergeben macht froh.

VIII. Bibelarbeiten, Andachten und Stille-Zeit

Stille-Zeit im Goldgräberlager

Das Wort Gottes ist wie ein Goldschatz: wertvoll und gewinnbringend. Wenn du darin liest, forschst und nach verborgenen Dingen "gräbst", wirst du manche Entdeckung für dein Leben machen. Gerade die Psalmen berichten von manchen Erfahrungen mit Gott und geben so gute Tipps für dein Leben weiter.
   Wir wünschen dir viel Freude und Segen bei deiner täglichen Bibellese!

1. Tag   📖 Psalm 1

Total verschieden!
Zwei Gruppen werden hier beschrieben. Was wird alles von ihnen gesagt? Die Gottlosen: ... (lies dazu auch 2. Petrus 2,9).
Die Gerechten: ... (lies dazu auch Galater 5,22). Die Strafe für die Sünde hat Jesus Christus für sie bezahlt. Sie werden von Gott freigesprochen. Gott kennt und führt sie.
Zur ersten Gruppe gehört zunächst jeder Mensch. Warum muss das nicht so bleiben? Welchen Weg wählst du? Warum ist die Wahl so entscheidend? Was hat das Ziel mit dieser Wahl zu tun?
Ein Leben mit dem Herrn Jesus ist anders als das Leben der Gottlosen, es hat auch ein anderes Ziel: das ewige Leben im Himmel!

2. Tag   📖 Psalm 2

Wer ist er?
Ja, wer ist der Herr Jesus? Er tat nur Gutes, heilte Menschen, war sanft und liebevoll. Er wurde verachtet und verspottet von Armen und Reichen, Bettlern und Königen. Er wurde gefangen, zu Unrecht angeklagt und getötet (Apostelgeschichte 4,25-28). Er ist Gottes Sohn, der ewige König, der, dem alles gehört. Er thront jetzt im Himmel. Auch die Erde gehört nicht den Menschen, sondern Gott!
Wofür hältst du den Herrn Jesus? Wie verhältst du dich ihm gegenüber? Gottes Sohn, ein König, der sich zu nichts machte, wurde wie ein Knecht! Er starb am Kreuz für dich. Er ist nicht irgendwer - ihm gebührt Ehrfurcht!

3. Tag   📖 Psalm 3

Auf der Flucht!
Verschwörung im Königshaus! Absalom und seine Anhänger erheben sich gegen König David, seinen Vater. David flieht. Mit Absalom und seiner Meute ist nicht zu spaßen. David hat Angst. Er fleht zu Gott um Schutz. Er weiß, dass Gott ihn beschützt und ihm hilft. Er glaubt auch, dass Gott ihm die Herrschaft wiedergeben kann (2. Samuel 15,25-26).
Wirst du angegriffen, ausgelacht? Versucht der Teufel, dich vom Herrn Jesus wegzuziehen? Wo suchst du Hilfe?
Auch Menschen können uns helfen, aber der größte Helfer ist der Herr Jesus. Er hört dir zu und hilft dir!

4. Tag   📖 Psalm 4

Hilferuf!
Dieser Psalm hat drei besondere Schwerpunkte:
1. David ruft Gott um Hilfe an (Vers 2). 2. David warnt seine Feinde (Verse 3-6). 3. David hat Freude in Gott (Verse 7-9). Genau diese Reihenfolge ist auch für dein Leben wichtig, auch wenn du nicht solche Feinde hast wie David.
Für welche Situationen brauchst du heute die Hilfe Gottes ganz besonders? Was bedeutet wohl, dass David um Hilfe **ruft** (oder **schreit**)? Du kannst wie David bekennen, dass der Herr hört, wenn du zu ihm rufst (Vers 4)!
Sei dann ganz ruhig im Herrn, er will dir helfen!

VIII. Bibelarbeiten, Andachten und Stille-Zeit

5. Tag   📖 Psalm 5,1-7

David weiß Bescheid!
Im ersten Teil dieses Psalms spricht David darüber, wie er seinen Gott kennt. Dieser Gott ist ein **hörender** Gott. Denke mal darüber nach, wann du ganz bewusst eine Gebetserhörung erlebt hast! Hast du Gott dafür gedankt?
Dieser Gott ist aber auch ein **heiliger** Gott! Das bedeutet, dass Gottlose, Böse, Verblendete (die, die ihre eigene Sünde nicht erkennen), Lügner, Schläger, Mörder (Verse 5-7) keine Verbindung mit Gott haben können. Sie haben auch nicht das Recht, Gott um Hilfe zu bitten, außer in einer Sache: ihn anrufen, um Vergebung der Sünde zu erhalten. Wie kennst du deinen Gott?

6. Tag   📖 Psalm 5,8-13

Ich aber ...
David hatte im 1. Teil dieses Psalm die vor Augen, die keine Hilfe von Gott erwarten können. Dann sagt er: "Ich aber ..." Damit stellt er fest, dass er anders ist. Worin unterscheidest du dich von deinen Freunden und Schulkameraden?
David sagt, dass er dankbar ist, in das Haus Gottes gehen zu dürfen. Heute geht es dabei weniger um Gebäude, wie z. B. den Tempel damals. Aber Menschen, die Gemeinschaft mit Gott haben, sind auch dort zu finden, wo Gemeinde Gottes sich versammelt. Da zeigt sich auch, wer anders ist. Wenn am Sonntag alle ausschlafen, Kinder Gottes nicht! Sie gehen da hin, wo man sich versammelt. Da sollte auch dein 'Zuhause' sein!

7. Tag   📖 Psalm 8

Wer oder was ist ...
... Gott? Stelle einmal zusammen, was David in den ersten vier Versen alles über Gott sagt. Zu welcher Frage führt ihn dann das Nachdenken über Gott im 5. Vers?
... der Mensch? Nun schreib einmal auf, was alles über den Menschen festgestellt wird. Was meinst du - von welchem Menschen spricht David hier wohl? Die Antwort findest du in Hebräer 2,5-8 in Verbindung mit der ersten Aussage in Vers 9: "Wir sehen aber _____."
David beginnt und endet seinen Psalm mit einem Lobpreis über Gottes Herrlichkeit, aber auch darüber, wozu Gott den Menschen im Herrn Jesus gemacht hat und noch machen wird. Staune über Gott und vergiss das Loben nicht!

8. Tag   📖 Psalm 9,1-10

Danken ist Willenssache!
David ist dankbar und erleichtert. Sein Heer hat wahrscheinlich in einer militärischen Auseinandersetzung einen Sieg errungen. Er sieht darin Gottes Eingreifen und Handeln (Verse 6-7). Wegen der erfahrenen Hilfe und Rechfertigung wendet er sich an Gott. Welche Aufforderung zum Gebet gibt sich David selbst (Verse 1-2)? Welches Wort benutzt er dabei viermal? David dankt nicht nebenbei und halbherzig, sondern mit seinem _____ _____.
Wofür kannst du Gott danken? Wie sollte deine Einstellung dabei sein?

9. Tag   📖 Psalm 14

Das Urteil
David hat die Menschen erlebt und beobachtet. Dabei kommt er zu dem Schluss, dass es Leute gibt, die behaupten, es gebe keinen Gott. Was für Folgen hat diese Haltung? Lies Vers 1b!
Auch Gottes Beurteilung über die Menschen gibt David in dem Psalm weiter. Er beschreibt sie als verdorbene Gesellschaft, die nichts Gutes tut. Diese Beurteilung (Verse 2b.3) wird im Neuen Testament wiederholt. Lies die Bibelstellen nach und überlege, wo der gleiche Wortlaut steht: Matthäus 15,18.19; Johannes 3,36; Römer 3,10-12.
In Vers 7 wünscht sich David Rettung für sein Volk. Wie sieht für uns die Erlösung von Gottes Urteil aus? Eine Antwort findest du zum Beispiel in Römer 3,23.

VIII. Bibelarbeiten, Andachten und Stille-Zeit

10. Tag   📖 Psalm 16

Wahres Glück
David beschreibt seinen Glauben, der ihn glücklich macht: Er vertraut Gott und ist bei ihm geborgen. Er schätzt die Gemeinschaft mit anderen Gläubigen. Er meidet fremde Gottheiten. Ab Vers 5 berichtet David in bildhafter Sprache, wie gut es ihm bei Gott geht und was ihn zufrieden sein lässt: Gott versorgt ihn mit allem Notwendigen, gibt ihm Rat in Entscheidungen, führt seine Lebenswege. Welche Einstellung, Haltung hat David zu Gott (Vers 8)?
Wie beurteilst du dein Verhältnis zu Gott? Was macht dich im Leben mit Gott glücklich?

11. Tag   📖 Psalm 18,1-7

Ein Dankgebet
David betet diesen Dankpsalm, nachdem er Gottes Rettung aus Lebensgefahr erfahren hat. Mit welchen Vergleichen beschreibt er in Vers 3, was Gott für ihn ist? Es sind sieben Begriffe. Zähle sie auf!
Gute Erfahrungen mit Gott geben Mut für die Zukunft. Trotzdem können immer wieder Schwierigkeiten auftauchen. Wie willst du dich dann verhalten?
Unsere Bitten werden nicht immer nach unseren Vorstellungen erfüllt, aber wenn du dich auf Gott verlässt, hilft er durch alles hindurch.

12. Tag   📖 Psalm 18,8-16

Gott ist unbeschreiblich
David hatte Gottes Hilfe erfahren, so haben wir es gestern gelesen. Nun beschreibt er, wie er Gott durch sein Gebet erlebt hat. Diese schöne Beschreibung ist eigentlich mehr als Bild zu verstehen, denn niemand kann Gott richtig beschreiben. Solch ein Bild macht aber deutlich, in welch furchtbarer Erscheinung Gott den Feinden (Vers 4) seines Volkes entgegentritt.
Wir werden heute auf den Herrn Jesus verwiesen, wenn wir Gott, den Vater, entdecken wollen (siehe Johannes 1,18 und 14,9). Wir können nicht beschreiben, wie Gott ist, außer dass wir wissen: Gott ist Liebe (1. Johannes 4,8.16)! Und wie reagierst du darauf? Lies noch einmal den 2. Vers dieses Psalms!

13. Tag   📖 Psalm 18,47-51

Die richtige Antwort!
Nachdem David in dem ganzen Psalm über die Größe Gottes nachgedacht hat, und zwar über alles das, was er mit seinem Gott erlebt hat, kommt er zu einem Ergebnis: Dieser Gott ist zu loben, zu ehren, anzubeten! Dabei fasst er vieles noch einmal in kurzen Worten zusammen. Schreibe einmal auf, was er alles in diesen fünf Versen über Gott aussagt.
Wem hatte David sein Königtum zu verdanken? Und was bedeutet am Schluss die Aussage: "David und seinen Nachkommen ewig"? Lies dazu mal die vielen Namen in Matthäus 1. In Vers 6 findest du David und danach stehen seine Nachkommen. Wer von denen ist wohl der ewige König auf dem Thron Davids? (Kleiner Tipp: Vers 16!)
Lass dich immer wieder durch das Nachdenken über die Größe Gottes dazu führen, ihn anzubeten!

14. Tag   📖 Psalm 23

Das gehört mir!
Nimm dir ein Blatt Papier und schneide es dir so zurecht, dass es ohne überzustehen in deine Bibel passt. Dann schreibe einmal diesen Psalm ab. Wenn du damit fertig bist, nimm einen Rotstift und unterstreiche alle "mein, mir, mich, meine, ich, meiner"! Wenn du damit fertig bist, dann überlege einmal, ob du das alles auch so für dich sagen kannst, wie David es tat! Stell dir dabei auch noch vor, wie eine Herde in der trockenen Wüste, von wilden Tieren umgeben, die Hilfe des Hirten erlebt haben mag.

VIII. Bibelarbeiten, Andachten und Stille-Zeit

Die Hilfe Gottes gehört auch dir, wenn du den Herrn Jesus als deinen persönlichen Herrn aufgenommen hast! Was hindert dich, das zu tun? Und wenn du es getan hast - bist du erfüllt mit Lob und Dank?

15. Tag   📖 Psalm 25,1-7

"Lehre mich!"
Wer hat diesen Psalm geschrieben? Die Antwort steht in der ersten Zeile. Der Psalm ist alt. Ist er unmodern geworden? Wir wollen sehen, ob er für dich aktuell sein kann.
In welchen Versen sagt David, dass er Gott vertraut? Kannst du das auch sagen? Sind es mehr oder weniger als 10 Zeilen, die eine Bitte enthalten? Gibt es eine Bitte, die du genauso nachsprechen kannst?
Gott freut sich über solche Bitten, denn sie zeigen ihm, dass du an seinen Gedanken Interesse hast. Wie wäre es, wenn du heute diesen Psalm betest?

16. Tag   📖 Psalm 25,8-14

"Im Guten wohnen?"
Gott gibt sich Mühe mit dir. Er unterweist, leitet, lehrt dich und zieht dich ins Vertrauen. Suche im Bibeltext von heute, wie oft diese Worte vorkommen. Zum Lernen gehören ein guter Lehrer und ein lernwilliger Schüler. Gott ist ein guter Lehrer, weil er alles, was du über ihn wissen sollst, in der Bibel sagt. Wie kannst du ein guter Schüler sein? Natürlich, indem du sein Wort liest und darüber nachdenkst!
Und was hast du davon? Die Antwort steht in den Versen 12-13! Es lohnt sich, Gottes Schüler zu sein!

17. Tag   📖 Psalm 25,15-22

Probleme?
David geht es nicht gut. Er fühlt sich einsam, elend und bedrängt. Aber er ist nicht hoffnungslos. Er spricht mit Gott über seine Probleme und ist sicher, dass sein Herr hilft. Mit diesem Vertrauen auf den allerhöchsten Gott schaut er von seinen eigenen Nöten weg und sieht hin zu dem, der Probleme lösen kann. Das muss man lernen, denn von Natur aus kreisen die Gedanken immer um den Ärger.
Lerne jetzt Vers 15 auswendig, dann kannst du ihn in Schwierigkeiten anwenden.

18. Tag   📖 Psalm 27,1-6

Mein Licht und mein Heil!
Dieser Psalm ist wie ein Lied. Weil er so schön ist, haben Menschen Melodien zu den Worten gemacht. Lies die ersten vier Zeilen und nenne die drei Dinge, womit Gott vorgestellt wird. Denke darüber nach; kannst du das auch so sagen?
In den Versen 5-6 wird viermal gesagt, was Gott alles tun wird. Lies es nach! Diese Worte voll Vertrauen zu sagen ist viel besser, als sich um morgen zu sorgen. Mache die Zuversicht dieses Psalms zu deiner Lebenseinstellung, und die letzten zwei Zeilen von Vers 6 können in deinem Leben Wirklichkeit werden!

19. Tag   📖 Psalm 27,7-14

Schwierige Zeiten!
Betest du leise, damit dich niemand hört oder du niemanden störst? Die Not Davids ist so groß, dass er rufen muss. Was ist seine Not? Seine Feinde machen ihm das Leben schwer. In dieser schwierigen Zeit, in der er leicht seinen Glauben verlieren kann, bittet er um so mehr, dass Gott ihn seine Wege und Pfade lehrt. Der Glaube Davids bewährt sich, indem er sich an Gott klammert und sicher ist, dass alles ein gutes Ende nehmen wird. Er ermuntert sich selbst mit Vers 14. Ist das auch für dich eine Ermunterung?

VIII. Bibelarbeiten, Andachten und Stille-Zeit

20. Tag   📖 Psalm 29

Mächtiger Gott!
In diesem Psalm findest du viele Beschreibungen über die Macht Gottes. Mach dir mal die Mühe und schreibe alles, was über Gott gesagt wird, in eine Liste! Was fällt dir auf?
Gott ist der Mächtigste! Ihm allein steht alle Herrlichkeit und Verehrung zu! Kennst du diesen großen Gott persönlich? Durch den Herrn Jesus möchte Gott unser Vater sein.
Der letzte Vers des Psalms (lies ihn nochmals!) drückt einen Wunsch aus - welchen? Das kann auch deine Bitte für diesen Tag sein: "Herr Jesus, gib mir heute bitte Kraft und segne mich mit deinem Frieden!"

21. Tag   📖 Psalm 30

Dank!
Wer schrieb diesen Psalm (Vers 1)? Wofür bedankt er sich bei Gott (Verse 2-4)? Insgesamt macht David deutlich, wie er Gott in seinem Leben erfahren hat: Es gibt Situationen, da _____ (z. B. Verse 6a.8b; suche weitere Beschreibungen dieser Art heraus!). Doch die Zeiten in Davids Leben, in denen Gott Gutes erweist, überwiegen bei weitem! In welchen Versen spricht er davon?
So ist Gott: Er will Gutes für unser Leben. Er will uns segnen. Er möchte Trauer in Freude verwandeln (Vers 12). Vers 13 macht Davids Reaktion auf Gottes gute Taten deutlich. Nimm das als Aufforderung für diesen Tag!

22. Tag   📖 Psalm 32

Bekennen macht froh!
Kennst du das Erleben Davids auch? Er hat gesündigt - und dann? Beschreibe, was die Verse 3-4 zum Ausdruck bringen! Je länger man Sünde verschweigt, desto schwerer wird die Last, die man mit sich herumschleppt. Das kann furchtbar sein. Welche Lösung gibt es (Vers 5)?
Wem können wir Schuld bekennen (1. Johannes 1,9)? Was geschieht dann (Vers 5b)?
Wenn Schuld beseitigt ist, kann Gott auch wieder segnen. Die Verse 7.8.10b zeigen dir, wie Gott dann handelt.
Vers 11 ist wieder eine Aufforderung für dich an diesem Tag! Freue dich und juble über diesen Gott! Danke ihm für seine Gnade!

23. Tag   📖 Psalm 33,1-11

"Ich weiß nicht, wofür ich danken kann!"
So hört man hin und wieder. Wozu wirst du in den Versen 1-3 aufgefordert? Ab Vers 4 werden dann Dinge genannt, für die du danken kannst. Bis Vers 11 habe ich mindestens 10 Gründe gefunden, um Gott zu danken.
Wie viele findest du? Zähle sie auf!
Übrigens: Danken macht froh! Dir wird neu bewusst, wie reich du von Gott beschenkt bist. Deshalb nimm dir jetzt einmal viel Zeit, mit Gott zu reden. Und lass es nicht nur Bitten sein!

24. Tag   📖 Psalm 33,12-22

Gott sieht dich!
Nichts entgeht Gott, er hat den großen Überblick. Alle Menschen der Erde sind ihm bekannt. Er sieht, was sie tun und wie sie sich verhalten. Seine Augen blicken aber besonders auf die, die ihm glauben. Ist dir bewusst, dass Gott dich persönlich sieht? Wenn ja - wie stellst du dich darauf ein?
Mach dir klar, wie nah Gott dir heute ist, jetzt, in deiner 'Stillen Zeit'!
Danke ihm, dass seine Augen Zeit für dich haben und dich an diesem Tag begleiten!

VIII. Bibelarbeiten, Andachten und Stille-Zeit

25. Tag 📖 Psalm 34,1-8

Gott schützt dich!
Menschen, die Gott lieben, stehen unter seinem persönlichen Schutz. Ihnen gilt seine Bewahrung. Wenn Gefahren drohen, ist Gott da. Besondere Not veranlasst ihn einzugreifen, auch wenn wir es nicht bemerken.
Wann hast du besondere Not erlebt? Wie hast du dich verhalten? Gott kennt jede Situation. Sag ihm, was dich beschwert und dir Angst macht!
Bitte ihn konkret um seine Hilfe und seinen Schutz für heute!

26. Tag 📖 Psalm 34, 9-15

Gott versorgt dich!
Keinen Mangel haben die Menschen, die Gott lieben. Das zeigt sich in ihrer Gottesfurcht. Zu denen steht Gott, weil sie ihn suchen. Er sättigt die dürstende und hungernde Seele mit 'Gutem', so steht es in Psalm 107,9!
Dankst du Gott an jedem Tag, dass er dich versorgt? Nimm es nicht als Selbstverständlichkeit, dass du keinen Hunger leidest, auch wenn du denken könntest, dass man fast alles für Geld kaufen kann.
Erlebe heute neu die Dankbarkeit an den Schöpfer für alles, was er schenkt und wachsen läßt!

27. Tag 📖 Psalm 34,16-23

Gott hört dich!
"Ganz Ohr" ist Gott den Menschen, die ihm glauben. Er hört sie gerade in besonderen Notsituationen. Das veranlasst ihn zu handeln, um die entstandene Angst in Freude umzuwandeln.
Glaubst du, dass Gott dein Gebet hört? Welche Erfahrungen hast du in dieser Hinsicht gemacht?
Aber bitte Gott nicht nur in der Not! Gott ist nicht ein "Notstopfen" für besondere Fälle. Danke ihm für alle erfahrene Hilfe in deinem Leben.

28. Tag 📖 Psalm 37,1-8

Vertrauen!
Vertrauen bedeutet: Ich gebe mein Leben einem Stärkeren, dem ich zutraue, es verantwortlich zu übernehmen.
Die Bibellese der letzten Tage zeigte dir: Weil Gott sieht, schützt, versorgt und hört, traue ich ihm zu, der starke Herr in meinem Leben zu sein.
Wie ist dein Vertrauen zu Gott? Hast du wie David Freude an Gott (Vers 4)?
Prüf deine Haltung zu ihm und zeige ihm heute, dass du ihm uneingeschränkt vertraust!

29. Tag 📖 Psalm 98

Gott singen - das ist gut.
Der Schreiber des Psalms fordert die ganze Erde auf, Gott ein Lied zu singen. Am Anfang und am Ende begründet er seine Aufforderung. Schreibe die Gründe auf und achte dabei auf die Formulierung "denn er ...".
Gottes Macht und Gottes Gerechtigkeit sind Gründe, um ihm ein Lied zu singen. Gott ist einfach einmalig. Er beschenkt uns in jeder Beziehung.
Danke ihm heute für das Heil, das er uns in Jesus Christus schenkt.
Bestimmt kennst du ein Lied, in dem Gott gelobt wird. Vielleicht kannst du es heute mit deinen Geschwistern und Eltern singen.

VIII. Bibelarbeiten, Andachten und Stille-Zeit

30. Tag   📖 Psalm 99

Niemand ist größer als er!
Gewiss hast du schon Könige gesehen - zumindest im Film. Prachtvoll gekleidet, gut bewacht, reich geschmückt - und doch Menschen wie du und ich. Der Psalmist erinnert an einen anderen König: Der Herr ist König. Er ist der König aller Könige. Wir erfahren vor allen Dingen zwei Gründe, weshalb wir diesen König ehren sollen. Überlege zunächst selbst, bevor du weiterliest!
1. Er ist heilig, ganz rein, total gut, ohne Sünde.
2. Er hört Gebet.
Das ist einfach großartig. Wir dürfen im Gebet mit dem heiligen Gott reden. Danke ihm heute für die Möglichkeit des Gebets.

31. Tag   📖 Psalm 100

Freue dich!
Vielleicht kannst du dich gar nicht so richtig freuen. Wenn der Psalmist zur Freude auffordert, hat er Gründe dafür. Zwei Tatsachen sind ihm besonders wichtig.
1. Der Herr ist Gott. (Vers 3) Überlege, was das für dich bedeutet! Gott hat uns geschaffen, und er versorgt uns wie ein guter Hirte.
2. Der Herr ist gut. (Vers 5) Schreibe die Eigenschaften auf, die der Psalmist mit der zweiten Tatsache verbindet.
Danke Gott heute für seine Treue. Er steht zu seinem Wort, auf ihn kannst du dich verlassen.

IX. Gemeinsame Kreativität

Gemeinsam aktiv werden - das ist eine feine Sache. Gemeinsam kreativ aktiv werden - das macht obendrein noch Freude.

Wenn im Zusammenhang mit der Gesamtthematik der Freizeit oder Gruppenstunde (= ganzheitliches Konzept) etwas Sinnvolles und Interessantes gefertigt wird, ist die Zeit nutzbringend eingesetzt. Zudem werden Techniken und Fertigkeiten im Umgang mit verschiedensten Materialien vermittelt und von den Jungscharlern gelernt.

Eigenschaften wie gegenseitige Hilfsbereitschaft, Geduld, Ausdauer und Geschick werden eingeübt.

1. Basteln

Gemeinsames Basteln (oder Werken) macht Freude. Zeiten mit schlechtem Wetter während einer Freizeit können so gut und sinnvoll überbrückt werden - oder es wird einfach einmal ein "Ruhetag" eingelegt. Material sollten wir genügend bereithalten - auch für weitere Bastelarbeiten (wenn's mal länger regnet ...).

1.1. Lederarbeiten

Leder war einer der Werkstoffe, der in der Welt der Goldsucher vielfältig gebraucht wurde - ganz einfach deshalb, weil sie es häufig zur Verfügung hatten. Leder ist robust, haltbar und doch einigermaßen leicht zu verarbeiten. Mit Leder lassen sich auch auf dem Goldgräberlager die verschiedensten Dinge herstellen. Sicher haben alle Freude daran. Einige Beispiele möglicher Werkarbeiten seien hier gezeigt.

1.1.1. Kleine Umhängetasche

Eine solche Umhängetasche (Brustbeutel) kann für viele Dinge Verwendung finden: Geld, Papiere etc. können damit sicher transportiert werden.

Material:
- ein Stück Leder oder Kunstleder
- einen Schnürriemen (60 cm lang)
- Schere
- Nadel
- Kuli
- Zwirn
- Schablone
- Heftlocher

So wird es gemacht:
- Material auf Größe schneiden.
- Leder unter die Schablone legen und mit einem Kuli die Löcher übertragen (durchdrücken)
- die großen Löcher mit einem Heftlocher lochen
- die kleinen Löcher mit einer Ahle vorstechen (geht auch mit einem Pinnwandstift)

- Leder
- Schnürriemen
- Schere
- Nadel
- Kuli
- Ahle
- Zwirn
- Schablone
- Heftlocher

s. Kapitel XIII
V4-25

IX. Gemeinsame Kreativität

- das Leder an der Linie übereinander legen und die zwei Nähte durch die vorgestochenen Löcher zusammennähen
- nun die Tasche so zuklappen, dass die großen Löcher übereinander liegen
- den Schnürriemen von hinten durch ein Loch, dann durch das zweite Loch wieder nach hinten fädeln und zusammenknoten

1.1.2. Kleiner Geldbeutel
Das Taschengeld oder im Goldgräberlager gefundene Nuggets können in diesem rustikalen Geldbeutel aufbewahrt werden.

Material:

- Leder	- ein Stück Leder oder Kunstleder 22 x 22 cm
- Schnürriemen	- zwei dünne Schnürriemen 80 cm lang
- Schere	- Schere
- Kuli	- Kuli
- Schablone	- Schablone
- Heftlocher	- Heftlocher
s. Kapitel XIII **V4-26**	

So wird es gemacht:
- Material auf Größe schneiden (Schablone einmal umlegen, da sie nur die Hälfte abbildet)
- Löcher mit Kuli durchdrücken (auch hierbei die Schablone umlegen)
- die so markierten Löcher mit einem Heftlocher lochen
- einen Schnürriemen durchfädeln, wechselweise von unten (= Außenseite Leder) nach oben und von oben nach unten usw., bis eine Runde voll ist; jetzt müssen die beiden Enden nebeneinander auf der gleichen Seite (= Außenseite Leder) herausragen; sie werden nun verknotet
- den zweiten Schnürriemen so einfädeln und verknoten, dass sich die Enden genau an der gegenüberliegenden Seite befinden
- wenn man nun in jede Hand einen Knoten nimmt und auseinanderzieht, zieht sich das Leder zu einem Beutel zusammen

1.2. Webarbeiten
Vieles musste selber hergestellt werden im Wilden Westen. Die Frauen nähten oder webten per Handarbeit die Kleidungsstücke. Mit verschiedenen Webtechniken lassen sich auch schöne Gegenstände herstellen, die das eigene Zimmer schmücken. Hier eine Webarbeit als Beispiel:

Material:

- Metallring	- Metallring (aus dem Bastelgeschäft), 10 - 20 cm Durchmesser
- Wolle	- Wolle
- evtl. Perlen	- evtl. Perlen
- Naturmaterialien	- Naturmaterialien, wie Schafswolle, Rinde ...

So wird es gemacht:
- den Metallring mit Wolle umspannen (festknoten)

- die Webfäden radnabenförmig spannen (wichtig: am Ende benötigt man eine ungerade Anzahl)

IX. Gemeinsame Kreativität

- von der Mitte an mit dem restlichen Spannfaden das Weben beginnen
- nach eigener Phantasie Perlen, Rinde, Wolle … mit einweben

Das fertige "Rad" ergibt einen hübschen Zimmerschmuck für die eigenen vier Wände.

1.3. Akustischer Telegraf

Die Erfindung des Telegrafen fällt genau in die Zeit der Goldgräber im Westen. Außerdem half diese neue Technik, den Westen für die Weißen zugänglich zu machen und die rasante Nachrichtenübermittlung half oft genug im Kampf gegen die Indianer, die dieser Technik (dem "singenden [oder sprechenden] Draht") hilflos gegenüberstanden.

Da liegt es nahe, sich mit dieser Technik zu befassen. Ein akustischer Telegraf ist schnell gebaut und es macht Spaß, damit die Morsetechnik zu üben. Bei entsprechender "Verkabelung" des Lagers können damit beliebig Nachrichten untereinander verschickt werden.

Material:
- 4,5V-Batterie
- 10 m zweiadriges Kabel (Klingeldraht)
- Summer (4,5V)
- Isolierband

- 4,5V-Batterie
- zweiadriges Kabel
- Summer (4,5V)
- Isolierband

Und so geht's:
Die beiden Kabel, die an die Batterie angeschlossen werden, müssen ca. 4 cm abisoliert werden. Die kurze Zunge der Batterie wird nach außen gebogen und ein Anschlussdraht wird darumgewickelt. Die lange Zunge braucht nur ca. 0,5 cm zurückgebogen zu werden. Dann wird der zweite Anschlussdraht unter diese Zunge mit ca. 2 mm Abstand quer über die Batterie gelegt. Vorn und hinten wird dieser Draht nach unten abgebogen und mit Isolierband an der Batterie befestigt. An die andere Seite des Kabels den Summer befestigen - fertig. Wird nun die Zunge der Batterie runtergedrückt, gibt der Summer Töne von sich - es kann gemorst werden! Ein Übungsblatt mit Morsealphabet befindet sich im Anhang.

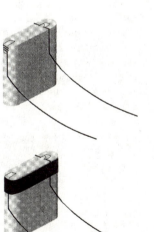

s. Kapitel XIII
V4-27

1.4. Mississippi-Boot

An dieser Stelle wird lediglich die Idee, ein kleines Boot zu basteln, weitergegeben. Anleitungen dazu finden sich in vielen Bastelbüchern. Mit wenig Material lässt sich beispielsweise ein Floß mit Segel erstellen.

IX. Gemeinsame Kreativität

Steht ein Gewässer (Bach, Teich) zur Verfügung, macht es immer wieder Freude, die Boote dort schwimmen zu lassen. Regelrechte Wettbewerbe können stattfinden. Bringt man ein Ruder am Boot an, kann die Fahrt mit etwas Wind im Segel schon losgehen.

1.5. Schatzkiste
Ohne großen Aufwand kann man auch mit den Jungscharlern eine kleine Schatztruhe bauen, in der jeder seine "Schätze" (Schmuck, Geld, Sammelstücke ...) aufbewahren kann. Dazu benötigt man einige auf Maß geschnittene Holzplatten (nicht zu groß), aus denen die kleine Kiste gezimmert wird (verleimen und mit kleinen Nägeln fixieren). Der Deckel wird von der Innenseite mit einem kleinen Leistenkranz versehen, der genau in die Truhe passt, und oben wird eine Holzperle o. ä. als Griff aufgeleimt. Deckel und Kiste können nun noch schön verziert werden, wobei sich die verschiedensten Techniken anbieten (bemalen, bekleben, Muster einbrennen ...).

2. Theaterstück
Eine ganz andere Art, kreativ tätig zu werden, ist die Aufführung eines kleinen Theaterstücks. Hier vorgestellt wird ein "klassischer Western" mit Spieleinlagen. Er wurde vom Mitarbeiterteam gespielt und die Zuschauer (Jungscharler) hatten ihre helle Freude an diesem Abend. Die Spieleinlagen sorgten zwischen den einzelnen Szenen für genug Abwechslung. Als Kulisse wurde ein Saloon eingerichtet, entsprechende Westernmusik untermalte die Szenerie. Am Kiosk konnten zuvor Eintrittskarten "erworben" werden, die an der Abendkasse natürlich wesentlich teurer waren als den Tag über am Kiosk. Grundlage für das Stück bildete übrigens eine wahre Begebenheit aus dem Wilden Westen.

s. Kapitel XIII
V4-28

Für das Stück benötigt man sechs Mitspieler (Spielleiter, Bardame Lola, drei Banditen, Detektiv).

Ein Abend im Saloon

Ein Theaterstück nach einer wahren Begebenheit ...
Ein Stück zum Mitmachen!

Kulisse	*Bühnenaufbau in der Raumecke:*
	Schwingtüre, Saloontisch, Barschild: "Lolas Saloon"
Musik	*Musik im Hintergrund*
Beleuchtung	*Bühne beleuchtet*
Spielleiter	*Der im Wildweststil verkleidete Spielleiter (SL) betritt die Bühne.*

SL: Good evening, ladies and gentlemen! Sie befinden sich, wie Sie

IX. Gemeinsame Kreativität

sehen, in Louisville, im Staate Kentucky, genauer gesagt: in "Lolas Saloon". Ich wünsche Ihnen ein paar angenehme Stunden - und gute Unterhaltung fürs Eintrittsgeld.

(Liest gemütlich Zeitung, plötzlich aufgeschreckt.)   Zeitung

Was??? Adams-Express vor zwei Tagen überfallen? Der Gepäckwagen der Ohio-Mississippi-Railroad-Linie? Ein schamloser Überfall auf eine Eisenbahn.
Das gab´s im Wilden Westen ja noch nie. Das Leben wird ja von Tag zu Tag gefährlicher - selbst für die Koffer in einem Gepäckwagen.
(liest halblaut vor:)
"... sprangen am 6. Oktober drei maskierte Männer auf den langsam fahrenden Zug der Ohio- und Mississippi-Eisenbahn ... schlugen den Schaffner nieder und warfen den Tresor ins Freie. Danach sprangen sie wieder vom Zug, brachen den Tresor auf und fanden 15.000 Dollar. Anschließend machten sie sich auf den bereitgestellten Pferden davon ... Die private Pinkerton-Detektiv-Agentur in Chicago wurde mit der Aufklärung des Verbrechens beauftragt. Bei den Banditen handelt es sich vermutlich um die Brüder John und Simeon Reno sowie dem 3. Mitglied dieser Bande: Franklin Sparks ..."
(entsetzt:) "Die stammen doch alle hier aus Kentucky! Welche Schande! Wie entsetzlich! Wie böse!"

Beleuchtung aus. Musik, Lola geht in die Bar.   Lola
Beleuchtung an. Schild: 1 ½ Jahre später   Schild

Lola: *(jongliert mit Bällen o. ä., macht einige Tricks ...)* Na, es funktioniert ja noch!   Bälle etc.

(John, Simeon, Franklin treten ein, reißen sich Gesichtsmasken ab.)   drei Banditen

John: Hey, lucky boys, das lief mal wieder wie geschmiert!

Simeon: Hättest du das gedacht - Bruderherz: 35.000 Dollar!! Das hat sich gelohnt.
Lola! Bring Whisky! Am besten 'n doppelten für jeden.

(Lola bedient)   drei Gläser mit hellbrauner Flüssigkeit (z. B. Zitronentee)

Franklin: Heiße Sache, friends! Aber - lief alles planmäßig, war zum Schießen, wie ihr zwei die alten Herren in Schach gehalten habt!

John: Mund halten, greenhorniger Maulesel, du. Die Wände haben alle Ohren hier im Wilden Westen.

IX. Gemeinsame Kreativität

Simeon: Ach, alter Digger! Hier weiß noch keine Maus was ... Und wird's auch erst erfahren, wenn die Sonne den Missouri ausgetrocknet hat.

Franklin: *(leise)* Und ... Lola?

Simeon: Frauen! Ist doch kein Marschall, dies Weib.

John: Aber ... Pinkterton, Allen Pinkterton?!!

Drei Revolver (jeder Bandit einen)

Simeon: Ach was - alle Zeitungen schreiben davon, dass er uns dicht auf den Fersen sei - aber in die Augen hat der mir noch nicht geguckt. Und wenn ... *(zieht vielsagend den Revolver)*
Hey, Lola, auf diesen Erfolgstag geb ich noch 'nen Doppelten für die Runde. Trink auch einen mit, Mädchen, he?!

(Lola bedient, entwendet dabei heimlich einem der Männer den Revolver)

Franklin: Haha ... wie die Zeiten sich doch ändern ...

John: Und so gemütlich werden! Vor 5 Jahren saß unsereins noch mit Pfanne und Schaufel am rauschenden Missouri. Schürfen, waschen, graben ...

Simeon: Und alles, ohne 1 Unze Gold zu finden.

Franklin: Und heutzutage fliegt uns drei Glückspilzen der Reichtum entgegen, was?!

Simeon: "fliegt"? Gefahren! Auf zwei Railroad-Schienen fährt es uns problemlos in die Arme.

John: Good old Nebraska - waren echt harte Zeiten, damals. Weißt du noch, Franky, wie du dein Claim direkt neben unserem abgesteckt hast?

Franklin: Yes - du outlaw, du schlitzohriger Wüstenfuchs! Damals schon hast du mich um eine halbe Meile betrügen wollen.
Wäre ich nicht so gutmütig, hätte ich dir glattweg die halbe Unze Verstand aus deinem Strohkopf geschossen - mir, Franklin Sparks, Land zu stehlen. Schlecht erzogen seid ihr Reno-Brothers. Ein chears auf 'ne gute Erziehungsanstalt für euch.

F+J+S: Chears!

John: Lola! Nachschub!

IX. Gemeinsame Kreativität

(Lola bedient, entwendet heimlich dem 2. der Männer seinen Colt. Licht auf der Bühne aus. Licht auf das Publikum. Spielleiter erscheint)

Flasche

SL: Während sich nun diese drei höchst verdächtigen Kerle weiter über ihre Diggerzeit unterhalten, wollen wir an dieser Stelle testen, wie gut *ihr* im Claimabstecken seid.

Spielaufgabe 1: Jede Gruppe soll mit einem Zollstock den Raum abmessen. (Innenumfang + Fläche errechnen) Wer misst am genauesten?

je Gruppe 1 Zollstock, Papier, Stift

SL: Nun, wenn das Claim abgesteckt war, fingen die Goldsucher direkt mit ihrer Arbeit an. Wir werden nun Gold suchen.

Material:
1 Eimer voll Sand mit Geldstücken
je Gruppe 1 Esslöffel
je Gruppe 1 Sieb

- Eimer mit Sand
- je Gruppe 1 Löffel
- je Gruppe ein Sieb

Spielaufgabe 2:
Wer siebt in 3 Minuten am meisten Geld? Pro Gruppe arbeiten je 2 Spieler; einer löffelt, der andere siebt ...

(Bühnenlicht an)

Franklin: Und? Seid ihr zwei sicher, heute morgen am Louisville-Express keine verdächtige Spur hinterlassen zu haben? Dieser Pinkerton ... traue dem Burschen nicht.

John: Old dear! Verdächtige Spur! Die Sache lief perfekt. First Class! Misstrauischer Grizzly - du. Der Einzige, der uns gesehen hat, war der Schaffner.

Simeon: Und der kann nicht mehr reden, hahaha! Good luck - hier sind wir sicher. Pinkerton sucht uns irgendwo in Oklahoma.
Lola - 'n doppelten Whisky - und 'n halben für dich.

(Lola bedient)

John: Boys! Ist das 'n Feuerwasser. Mein Kopf rauscht wie ein Schwarm voller, voller ...

Franklin: ... voller Golddollars, hä? Good! Vertreten wir uns die Beine. Auf, ihr Renos, eine Runde Football.

(Sie spielen sozusagen die nächste Aufgabe vor: Tisch, Rand mit Papp-

- Tisch

IX. Gemeinsame Kreativität

- Pappstreifen
- Klebeband
- Trinkhalme
- TT-Ball

streifen beklebt, 2 Tore; mit Strohhalmen werden TT-Bälle ins gegnerische Tor geblasen. Sie spielen, bis Simeon plötzlich zum Fenster rausguckt und ruft:)

Simeon: He, Männer - ist das nicht - Pinkerton? Sein Gang? Dieser Hut? Oh, Sweetheart. Ich sterbe! What shall we do?

John: In Deckung!

(alle verstecken sich aufgeregt unter dem Tisch)

Franklin: He, Lola, wer war dieser Kerl draußen?

Lola: Der? ´n alter Freund von mir ...

J+S+F: *(lachen)* ´n alter Freund von ihr!

(kommen raus)

Franklin: Hey, Simeon, wie wär´s mit ´nem Besuch beim Augenarzt? Spendiere dir sogar die Kosten. Bin zur Zeit nämlich mal nicht pleite; zahle sogar in Golddollars, hihihi. Lola, ne Runde Whisky!

(Bühne: Licht aus)

SL: Tischfußball, das könnt ihr auch!

Spielaufgabe 3: Immer zwei Gruppen treten gegeneinander an; Gewinner ist, wer das dritte Tor geschafft hat.

- Seil zum Seilspringen

Spielaufgabe 4: Wachsamkeit und Schnelligkeit sind im Wilden Westen notwendig, das habt ihr gemerkt. Dazu gehört auch gute körperliche Kondition: Wer springt am ausdauerndsten Seilchen? Je zwei Gruppen treten gegeneinander an

(Bühne: Licht an)

Simeon: Leute, ist das Leben schön! I love America.

Franklin: Und die Eisenbahn!

John: Und Zugführer, wenn sie so ´n Gesicht machen, wenn sie so ´n Eisen unter der Nase haben.

Simeon: Jungs - war echt ´n guter Fang heute - kommt, wir spielen. Ich

IX. Gemeinsame Kreativität

setze 10 % meines Tageslohns, hihihi! Raus, die Würfel!   — Geldstücke

(sie spielen) — Würfel
(Bühne: Licht aus) — Würfelbecher

Spielaufgabe 5: Jede Gruppe darf insgesamt viermal würfeln. Die Zahlen werden auf Felder eingetragen - je nach Wunsch der Gruppe auf das 1., 2., 3. oder 4. Feld geschrieben. Wer hat die höchste Hausnummer?

— Stift
— Papier oder Folie

(Bühne: Licht an)

John: I´m sorry, Bruderherz. Jetzt bist du arm wie eine Wüstenmaus.

Simeon: Hang up, du Bandit! Betrüger du! Gezinkte Würfel! Pass nur auf, das nächste Ding drehen wir ohne dich. Ich weiß nämlich schon, wann der nächste Transport aus Little Rock nach Ohio fährt.
He, Lola, noch ´n Whiskey! Und einen Kräutertee für diesen Esel hier.

(Lola bedient, entwendet dem dritten den Revolver)

Lola: Das war's!

(Das war Stichwort für Allen Pinkerton) Detektiv

Allen: *(kommt rein mit gezogenem Revolver)* Good evening, ladies und gentlemen. *(Verbeugt sich höflich vor dem Publikum)* Pinkerton, Allen Pinkerton. Privatdetektiv, Chicago.
(zu den überraschten Männern) Das war's, meine Herren!

Revolver

F+S+J *(greifen zu Revolvergürteln - die sind leer)* Mein Colt, dammed!

(Sie heben die Hände hoch und folgen Pinkerton freiwillig)

Allen: Danke, Lola! *(nimmt 3 Colts von ihr)*

(Bühne: Licht aus. Umbau zum Gefängnis. Ein Bettlaken mit Gefängnisgittern und drei Figuren bemalt, nur die drei Nasen sind echt - die drei Spieler stehen hinter dem Laken und strecken die Nase durch ein Loch im Laken)

bemaltes Bettlaken

Spielaufgabe 6: Das war das vorläufige Ende der Renobande. Ratet anhand der Nasen: Wer ist wer?

Ende

IX. Gemeinsame Kreativität

3. Tanz

Der klassische "Westerntanz" ist der Square-Dance. Dieser Tanz zeichnet sich durch Folkloreelemente aus und stellt eine Art Gruppenformation dar. Ihn einzuüben ist nicht übermäßig schwer und eine Vorführung ist schön anzuschauen. Die typische Square-Dance-Musik gibt es auf Tonträgern im Handel, ebenso Tanzanleitungen.

4. Überlebenstraining (Survival)

Das Leben der Goldgräber wurde oft auf harte Proben gestellt. Es kam darauf an, in der Wildnis zu überleben. Gute Kenntnisse über die Natur sowie der ein oder andere Trick und die entsprechenden Techniken halfen zu überleben. Das wollen wir gemeinsam üben.

Survival besteht aus einem theoretischen Teil, in dem Grundlagen über die Natur (Tiere, Pflanzen, Wetter, Sterne, Spurensuche, Nutzen von Pflanzen etc.), einige Techniken (z. B. Kartenkunde, Umgang mit dem Kompass, Seil- und Knotenkunde, Feuertechnik, Kochen und Backen über offenem Feuer, Holzkunde etc.) gegeben und diese dann (teilweise) in die Praxis umgesetzt werden. Es würde den Rahmen des Buches sprengen, an dieser Stelle ausführlich darauf einzugehen - lediglich die Idee, solche Gruppen anzubieten, soll hier vorgestellt werden. Es ist etliches an Literatur zu finden, in der diese Techniken und Grundlagen vermittelt werden. Wichtig ist, in Kleingruppen zu arbeiten (damit die Übungen intensiver werden) und verschiedene Gebiete anzubieten (für alle Interessen etwas). Dann sollte der theoretische Teil nicht zu lange dauern (Gefahr der Ermüdung) und großer Wert auf eine intensive Praxisnähe gelegt werden. Schriftliche Unterlagen, die der Jungscharler begleitend bekommt, helfen ihm, das Wissen auch im Nachhinein zu vertiefen.

s. Kapitel XIII
V4-29

Als mögliches Beispiel finden sich ein paar Seiten eines "Waldläuferbuchs" als Kopiervorlage im Anhang - dies könnte ein Anfang sein.

X. Spieleprogramm

Spiele gehören selbstverständlich zu einem Programm für Jungschar und Freizeit und damit auch zum Goldgräberlager. Dabei ist zu unterscheiden zwischen Spielen, die außerhalb des Lagers/Heimes und solchen, die auch im Heim selbst (abends oder bei schlechter Witterung) gespielt werden können. Im Rahmen dieses Buchs sollen lediglich einige speziell für das Goldgräberlager entwickelten Spiele vorgestellt werden.

1. Spiele für draußen

1.1. Training für Goldgräber
Dieses Training dient dazu, mit den Anforderungen an das Leben eines Goldsuchers besser fertig zu werden. Verschiedene Fähigkeiten und Fertigkeiten werden geübt, erprobt und verbessert.

Es spielen immer zwei Goldgräber zusammen. Den Nachmittag über haben sie Zeit, die angebotenen Stationen anzulaufen und dort die entsprechenden Spiele zu machen. Auf einem Laufzettel werden vom Mitarbeiter an der Station die erworbenen Punkte notiert.

Nach dem ersten Durchgang wird eine kleine Pause eingelegt, in der auch die neuen Spiele aufgebaut werden - dann folgt der zweite Durchgang.

1.1.1. Erster Durchgang:
I. Rodeo
Ein Jungscharler muss auf dem "Pferd" Rodeo reiten - wie lange hält er sich? (2 Mitarbeiter wären hier angebracht)
Material: Rodeo-Stand, alte Decken o. ä., Stoppuhr

Skizze: Fass (o.ä.), evtl. mit Sattel / stabiler Balken (lang) / starke LKW-Feder / stabiles Gestell (Balken)

II. Gold waschen/suchen
Im Bach/große Wanne muss mit der Goldwaschpfanne Gold (gespritzte Kiesel o. ä.) gewaschen werden. Dazu hat man eine Minute Zeit.
Material: Goldwaschpfanne, Kiesel o. ä., Stoppuhr

III. Zielschießen
Mit dem Luftgewehr (Vorsicht - alles absperren!!!) wird auf eine Reihe Büchsen o. ä. geschossen. Jeder hat drei Schuss.
Material: Luftgewehr, Munition, Büchsen, Holzbock, Absperrband

IV. Zielwerfen
Mit einem Hut muss auf einen Stab gezielt werden. Es gibt einen Punkt, wenn er drauf hängen bleibt. Jeder hat drei Versuche.
Material: Hut, Stab in Boden rammen, Markierung für Entfernung

X. Spieleprogramm

V. Wasser transportieren
Mit einem Joch müssen zwei Eimer transportiert werden. Ein leerer Eimer ist zu füllen. Dabei geht es über einige Hindernisse. Die Jungscharler können ihre beiden Eimer selber füllen mit der Menge, die sie glauben, tragen zu können. Das Ganze geht auf Zeit.
Material: Joch, drei Eimer, Wasser, Stoppuhr, Hindernisse (Stuhl etc.)

VI. Auf Zeit tauchen
In einer Wanne mit Wasser muss auf Zeit getaucht werden (Kopf unter Wasser halten). Wer schafft es am längsten? Immer einer pro Team versucht es.
Material: Wanne mit Wasser, Stoppuhr

1.1.2. Zweiter Durchgang
I. Gold graben
In einem Eimer mit Sand muss nach Gold gegraben werden (gespritzte, kleine Kiesel). Dazu gibt es lediglich einen Teelöffel als Hilfe - die Hände dürfen nicht benutzt werden. Wie viel Gold wird in einer Minute gefördert?
Material: Eimer mit Sand, Teelöffel, Goldkiesel, Stoppuhr

II. Pfeil und Bogen
Zum Jagen wird mit dem Bogen geschossen (Vorsicht - absperren!!!). Jeder hat drei Schuss.
Material: Zielscheibe, Ständer, Bogen, Pfeile, Absperrband

III. Krafttraining
Ein Hammer (Fäustel, 500 gr.) muss am ausgestreckten Arm gehalten werden - am Ende des Hammergriffs! Wie lange schafft man das? Ein Jungscharler pro Team probiert es.
Material: Fäustel, Stoppuhr

IV. Zwille schießen
Mit einer großen Zwille wird auf ein Ziel geschossen (Vorsicht - absperren!!!). Jeder hat drei Schuss.
Material: Große Zwille, Ziel, Munition

V. (Gold)gewicht schätzen
Von einem Baumstamm muss ein Stück von 500 gr. abgesägt werden (Vorsicht!). Wer kommt möglichst nahe heran?
Material: Säge, Baumstamm, Auflage, Waage

VI. Zeit schätzen
Ein Jungscharler aus dem Team schätzt eine Minute (umdrehen oder Augen verbinden; der Partner darf nicht helfen). Wenn er meint, die Minute sei vorbei, gibt er einen Schuss mit dem Revolver ab.
Material: Schreckschusspistole, Munition, Stoppuhr

X. Spieleprogramm

1.2. Krimi "Mord in Gold-Lake-City - ein Fall für den Sheriff"

Der Krimi aus dem Wilden Westen kann verschieden Verwendung finden: Die Geschichte kann als Ganzes vorgelesen werden (z. B. als Programm bei schlechtem Wetter) oder auch als Art Stationenlauf über eine bestimmte Wegstrecke verteilt werden. Dazu wird der Text in einzelne Fortsetzungsteile aufgeteilt und an einem festgelegten Weg z. B. an Bäume geheftet.

Die Goldgräber dürfen und sollten sich zur Geschichte Notizen machen und wissen lediglich, dass der/die Mörder herauszufinden ist/sind. Am Ende der Strecke bzw. nach Lesung der Geschichte, wird die Steckbriefkartei des Sheriffs ausgehängt. Anhand der Angaben im Text können die Jungscharler den/die Täter herausfinden. Die Beantwortung dieser Frage sowie einiger Zusatzfragen und -aufgaben ergeben die Punkte zur Bewertung.

s. Kapitel XIII
V4-30

1.2.1. Die Story

STORY, TEIL 1

GOLD-LAKE-CITY schien eine Stadt zu sein wie jede andere im Wilden Westen. Doch das Zauberwort hieß GOLD! Dieses glänzende Metall zog die Menschen an wie ein Magnet. In GOLD-LAKE-CITY konnte man über Nacht reich werden. Aber auch der Sargtischler wurde dort schnell reich, denn die Chancen, vorzeitig abzuleben, waren entsprechend hoch. In dieser Stadt, so reich an Gold und so arm an Recht und Ordnung, zählte ein Menschenleben zu den nebensächlichsten Kleinigkeiten. Viele fanden kein Gold, sondern den Tod.

Trotzdem kamen immer mehr Glücksritter nach GOLD-LAKE-CITY. Mitten in der Stadt gelegen fand man den Saloon, eine Oase für Minenarbeiter, Gestrandete und allerhand anderer zwielichtiger Gestalten, die dort allabendlich ihre mühsam geschürften Nuggets versoffen oder verspielten. Es herrschte immer ein reger Betrieb im 'Drunken Horse' ...

Wie jeden Abend mischte Old Barney eifrig im Trubel mit und erzählte haarsträubende Geschichten über gewaltige Goldadern, die sich auf seinem Claim befänden. Natürlich glaubte ihm keiner - schließlich schürfte Old Barney schon seit über 50 Jahren in GOLD-LAKE-CITY und hatte noch nie auch nur einen Krümel des begehrten Metalls gefunden. Aber keiner nahm dem verrückten Alten diese Aufschneidereien wirklich übel, war Barney doch im Grunde genommen ein freundlicher Geselle und bei allen beliebt.

Wahrscheinlich waren auch deswegen die Bewohner von GOLD-LAKE-CITY aufs Tiefste entsetzt, als sich die Nachricht vom gewaltsamen Tod Barneys in Windeseile durch die Stadt verbreitete. Jawohl, Old Barney wurde ermordet aufgefunden - in einer großen Blutlache vor seiner alten Holzhütte ...

X. Spieleprogramm

STORY, TEIL 2

"Armer alter Barney, es scheint, als ob ihm seine Aufschneidereien doch noch zum Verhängnis wurden", murmelte Sheriff Lee Stanson in seinen nicht vorhandenen Bart. "Sein Mörder schien jedenfalls geglaubt zu haben, dass Old Barney hier irgendwo in seiner Hütte Gold versteckt hat, und hat das Unterste zuoberst gewühlt. Ich frage mich, ob er wohl etwas gefunden hat ... Eines ist jedenfalls sicher: Der Mord muss von einem Fremden durchgeführt worden sein, keiner der Bewohner GOLD-LAKE-CTIYS hätte Barney jemals ein Haar gekrümmt. Am besten, ich fange mit meinen Ermittlungen im Saloon an, jeder Fremde kommt früher oder später auch mal dort hinein."

STORY, TEIL 3

"In den letzten Tagen herrschte ziemlich viel Betrieb hier, und ich kann mir doch nicht jeden Typen, der hier rein kommt, merken", war die Antwort der Bardame Lily auf unsere Fragen. Nachdem ich ein paar Dollars gezückt hatte, schien sich ihr Gedächtnis merklich zu verbessern.

"Na ja, also neulich waren so zwei Cowboys hier, die dem Barney 'ne Runde spendiert haben. Die interessierten sich ziemlich für das Geschwätz des Alten. Also, wie die jetzt genau aussahen, weiß ich nicht mehr. Außer, dass der eine recht dick war, der andere eher schmaler. Der Schmale hatte fast eine Glatze und trug ein grünes Halstuch. Mehr kann ich aber wirklich nicht sagen."

STORY, TEIL 4

Im einzigen Waffenladen dieser Stadt erkundigte ich mich, ob zwei Cowboys, auf die diese Beschreibung zutreffen würde, vielleicht etwas gekauft hätten. Der Verkäufer, ein ziemlich geschwätziger Mann, erzählte mir erst seine halbe Lebensgeschichte, bevor er auf den Punkt kam.

Natürlich hätte er jeden Tag viele Kunden, vor allem Cowboys. Auch mancher Ganove sei sicherlich unter ihnen. Auch zwei solcher Jungs, auf die Lilys Beschreibung zutraf, wären gewiss mal bei ihm gewesen ... Aber wer genau und wann ... Das mochte er beim besten Willen nicht mehr sagen. Messer und Revolver waren die meistgekauften Waffen.

Nachdem mir der Verkäufer auch noch die andere Hälfte seiner Lebensgeschichte erzählt hatte und es auch schon dämmerte, konnte ich endlich das Geschäft mit blutenden Ohren verlassen ...

STORY, TEIL 5

Am nächsten Tag, also am zweiten Tag nach der furchtbaren Tat, kamen gleich drei Zeugen, die verdächtige Personen gesehen haben wollten.

Zunächst kam der Barbier der Stadt: "Gestern war ein unangenehmer

Kerl bei mir. Ich sollte ihm den Bart abrasieren. Ja, und als ich dann fertig war und meinen Lohn verlangte, lachte der schmierige Kerl mir frech ins Gesicht und sagte, er habe keinen Cent Geld. Ich könnte ihm den Bart ja wieder ankleben, wenn ich mich beschweren wollte. Sprach's und verließ mein Geschäft. Unverschämtheit!"

STORY, TEIL 6

Danach kam die Frau des Waffenverkäufers in mein Büro. Ein stämmiger Typ sei gestern abend kurz vor Ladenschluss noch einmal ins Geschäft gekommen und habe neue Patronen gekauft.

"Die anderen hätte er schon gebraucht, sagte er und lachte dabei ganz widerlich. Er wollte auch noch einen neuen Hut kaufen, weil er seinen alten verloren hätte. Und außerdem stank er ganz fürchterlich nach Kautabak, aber das tun wohl viele hier."

STORY, TEIL 7

Gegen Mittag ging ich zu Hank in den Laden, um mir ein paar Lebensmittel zu kaufen, schließlich muß ja auch ein Sheriff von irgendetwas leben. Hank hatte auch ein paar interessante Neuigkeiten.

"Heute Morgen war so ein stinkender Kerl bei mir, der ein Messer loswerden wollte. Es war in ein grünes Tuch gewickelt. Schien mir so, als bräuchte der Kerl dringend Geld. Das Messer hab' ich dann auch gekauft, sah noch aus wie neu, es schien mir unbenutzt zu sein. Dann wollte er mir auch noch das Tuch verkaufen, aber nein danke, das war total alt und verschwitzt, das durfte er behalten."

Ich dankte Hank für seinen wertvollen Hinweis und eilte in mein Büro, um die neuen Erkenntnisse meinen getreuen Hilfssheriffs mitzuteilen.

STORY, TEIL 8

Jed, unser Schmied, schaute auch mal kurz herein, 'um zu sehen, wie die Lage sich so entwickle', wie er es ausdrückte. Ich kannte meinen alten Freund Jed aber besser, um nicht zu wissen, dass dies nicht der einzige Grund für sein Kommen sein konnte ...

Nach einigem Zureden rückte er dann auch heraus mit der Sprache: "Eben war ein Cowboy bei mir, der sich höchst eigenartig benommen hat. Er ritt auf einem Pferd und führte ein anderes hinter sich her, welches er mir verkaufen wollte. Du weißt ja, Lee, dass ich kein Pferd ankaufen würde, dessen Besitzurkunde ich nicht gesehen habe. Das habe ich dem Typen auch klar gemacht. Na, und dann hatte er es auf einmal ganz eilig wegzukommen, murmelte etwas von 'leider hab ich mir's anders überlegt' und ging. Der Typ hatte übrigens eine auffallend hässliche Narbe auf der rechten Wange und kohlrabenschwarzes Haar."

Hocherfreut dankte ich Jed für diesen heißen Tipp.

X. Spieleprogramm

STORY, TEIL 9

Nun war die Stunde des Handelns gekommen. Schwer bewaffnet machte ich mich mit meinen Männern auf, um alle jene dingfest zu machen, die mit dem Mord zu tun haben könnten, also alle, auf die nämlich die Beschreibungen zutreffen konnten.

Wir fanden dann auch 10 Outlaws, die wir vorläufig festnahmen. Nach mehreren Stunden anstrengenden Verhörs hatten wir dann endlich die grausige Wahrheit herausgefunden, die da lautete ...

Doch halt! Wie gute Hilfssheriffs seid ihr eigentlich? Habt ihr auch die Lösung des Falles gefunden? Womöglich noch viel eher als Lee Stanson? Was also habt ihr herausgefunden?

Geht nun zurück nach GOLD-LAKE-CITY, um den Fall endgültig zu klären. Dort seht ihr die Steckbriefe der zehn festgenommenen Outlaws.

1.2.2. Die Fragen
1. Wie ist Opa Barney ums Leben gekommen? Schreibt die Story aus Tätersicht auf!
2. Wer von den Outlaws war Täter?
3. Welches war die Tatwaffe?
4. Hatte Old Barney eigentlich eine Goldader gefunden?

1.2.3. Lösung
1. Tathergang:
   Der Stämmige und der Schmale wollten Old Barney zusammen überfallen, dafür kauften sie sich jeweils eine Waffe, der Stämmige einen Revolver und der Schmale ein Messer. Zusammen haben sie Barney getötet, allerdings nur mit dem Revolver.

   Weil Barney kein Gold besaß, bekamen die beiden Cowboys Streit. Der Stämmige erschoss den Schmalen und riss dessen Habseligkeiten (wegen eigenem Geldmangel) an sich.
2. Der Stämmige **und** der Schmale
3. Revolver
4. Nein

1.3. Geländespiel "Goldrausch auf Sutters Farm"
1.3.1. Kurzinfo/Story

s. Kapitel IV, Punkt 3.

Auf der Farm von General John Sutter wird im Jahr 1848 Gold gefunden - der große Goldrausch beginnt. Frisch im Wilden Westen angekommene Siedler versuchen, durch Goldfunde das schnelle Geld zu machen. Diese Funde werden je nach Gewicht zu unterschiedlichen Preisen verkauft; mit dem erhaltenen Geld können Landstriche erworben werden. Natürlich wimmelt es in diesem Gebiet auch von Banditen, die auch ein Stück des Kuchens haben möchten.

X. Spieleprogramm

1.3.2. Material
- Goldnuggets: mit Goldspray besprühte Steine von verschiedener Größe (reichlich)
- Geld
- Besitzurkunden: Urkunden mit Namen der Claims (ca. 50 Stück)
- Waage und Tafel mit Kreide (o. ä.)
- Halstücher: Kennzeichen für die Banditen (pro Gruppe ein Bandit)

- Goldnuggets
- Geldscheine
- Besitzurkunden
- Waage
- Tafel/Kreide
- Halstücher

1.3.3. Personen
Mitarbeiter:
- Bankier: kauft Goldnuggets an; der Preis richtet sich nach dem Gewicht und ist zusätzlich nicht starr; der Bankier setzt auf einer Tafel einen Grundpreis für z. B. 100 g fest, den er im Verlauf des Spiels je nach Angebot an Gold ändert; auch ist Handeln und Feilschen erlaubt. Bringen die Goldgräber viel Gold, sinkt der Preis dafür, wird wenig Gold angeliefert, steigt er.
- Gouverneur: verkauft die Besitzurkunden, die verschiedene Kaufpreise aufweisen (s. Liste)
- 2-3 Mitarbeiter werden benötigt, um die Goldnuggets während des Spiels erneut zu verstecken (sie holen die Nuggets von der Bank). Sie sind gleichzeitig auch Schiedsrichter.

s. Kapitel XIII
V4-31
V4-32

Jungscharler:
- Goldgräber: Jeder Jungscharler, ausgenommen die Banditen, ist ein Goldgräber, der Gold sucht und beim Bankier verkaufen kann; mit dem erhaltenen Geld werden beim Gouverneur Besitzurkunden erworben.
- Banditen: Einige Jungscharler werden durch das Tragen eines Halstuches als Banditen gekennzeichnet; sie können durch Anschlagen eines Siedlers diesem sein Gold und sein Geld rauben, welches dann ohne Verzögerung ausgehändigt werden muss; Besitzurkunden können nicht entwendet werden! Banditen können auch nichts kaufen oder verkaufen. Das erbeutete Gold/Geld geben sie einem Goldgräber der eigenen Gruppe, der damit Claims kaufen kann (allerdings selber vor den anderen Banditen Acht haben muss).

1.3.4. Vorbereitung
- es wird ein ausreichend großes Gebiet abgesteckt, durch welches entweder ein Bach fließt oder ein Weg verläuft (der Klondike)
- die Goldnuggets werden in dem Gebiet versteckt
- Bankier und Gouverneur werden in reichlicher Entfernung voneinander in dem Gebiet postiert
- es werden Gruppen zu je 10 Kindern gebildet

1.3.5. Spielablauf
- das Spiel wird durch ein Signal gestartet
- die Siedler beginnen Goldnuggets zu suchen und diese für möglichst

X. Spieleprogramm

viel Geld zu verkaufen
- die Banditen versuchen die gegnerischen Siedler auszurauben
- wenn eine Gruppe genug Geld zusammen hat, sollte sie dies möglichst bald in Besitzurkunden anlegen, da diese nicht gestohlen werden können; dazu kommt der Umstand, dass die Claims verschiedene Kaufpreise aufweisen (s. Liste) und natürlich zuerst die günstigeren Claims gekauft werden - zum Schluss zählt jedoch lediglich die *Anzahl* der erworbenen Claims
- zu festgesetzter Zeit wird das Spiel beendet (oder: wenn alle Claims verkauft sind)
- gewonnen hat, wer die meisten Claims vorweisen kann

1.4. Nachtgeländespiel "Bärenjagd"
1.4.1. Story
Grizzlybären haben schon mehrere Goldgräberlager überfallen, Zelte zerstört und Material unbrauchbar gemacht. Teilweise wurden sogar Goldgräber verletzt. Nun soll dem Treiben ein Ende bereitet werden ...
Alle Goldgräber wollen die Bären erjagen und teilen sich dazu in verschiedene gleich große Gruppen auf. Aus der Jagd wird gleichzeitig ein Wettkampf gemacht, es werden Wetten abgeschlossen usw.
Da Bären tagsüber schlafen, müssen sie in der Nacht gejagt werden (Nachtgeländespiel).

1.4.2. Material

- Papierzettel

- evtl. Markierungsband
- evtl. Taschenlampe

Es werden lediglich pro Bär (Mitarbeiter) kleine Papierzettel benötigt, die entsprechend fälschungssicher markiert sind (= "Felle")
Weiter: Evtl. Markierungsband, um das Spielfeld eindeutig zu begrenzen. Die Jungscharler dürfen je Team eine Taschenlampe benutzen (obgleich es ohne Taschenlampe spannender ist - das sollte je nach Geländebeschaffenheit entschieden werden).

1.4.3. Gelände
Als Gelände eignet sich praktisch jeder Wald, in dem ein (nicht zu großes) Stück eindeutig abgegrenzt wird (z. B. mit Markierungsband). Je nach Gruppenstärke genügen ca. 50 x 50 m. Etwas Unterholz wäre gut.

1.4.4. Ablauf/Regeln
Die Bären (Mitarbeiter) verstecken sich im Gelände. Dabei müssen sie am Boden bleiben. Die Goldgräber gehen zur Jagd immer als Team zusammen durch den Wald und suchen die Bären. Ein Bär ist erlegt, wenn er angefasst wird. Dann muss er als Jagdtrophäe einen Papierzettel an das Team geben.
   Das Team muss umgehend den Wald verlassen und den Zettel an der Ausgangsstation abgegeben (Spielleiter). Diese Station sollte beleuchtet

- Lampe

sein, damit sie leicht gefunden werden kann. Erst dann darf man wieder in

X. Spieleprogramm

den Wald zur neuen Jagd. Ein Jagdteam darf also niemals mehr als ein "Fell" bei sich tragen.

Wichtig: Ein Bär darf nicht zweimal nacheinander von einer Gruppe gejagt werden! Das Team muss also zuerst einen anderen Bären erlegen. Dadurch hat der Bär Gelegenheit, den Standort zu wechseln und sich erneut zu verstecken.

1.4.5. Ende
Die Grizzlyjagd kann jederzeit beendet werden; man sollte also eine vorher festgelegte Zeit lang spielen. Gewonnen hat das Team, das die meisten Bären erlegt hat.

1.4.6. Variante
Die Jagdteams können vor Beginn der Jagd auf den Ausgang wetten - natürlich Gold. Das geht so:

Jedes Team hat 20 Goldstücke Grundkapital. Pro erlegten Bär gibt es nach Spielende ein weiteres Goldstück. Durch eine Wette kann das Grundkapital erheblich aufgestockt oder dezimiert werden. Jedes Team schließt eine Wette ab.

1. Siegerwette: Es wird getippt, welches Team die meisten Bären erlegt (gewetteter Einsatz wird bei Richtigkeit vervierfacht).
2. Platzwette I: Es wird ein Team getippt, das unter die ersten zwei Sieger kommt (gewetteter Einsatz wird verdreifacht).
3. Platzwette II: Es wird ein Team getippt, das unter die ersten drei Sieger kommt (gewetteter Einsatz wird verdoppelt).
4. Bärenwette: Es kann ein Tipp auf die Zahl der selbst erlegten Bären abgegeben werden (Wertung z. B. +- 5 Bären). Gewetteter Einsatz wird bei richtigem Tipp verdreifacht.

1.5. Kampf der Siedler - ein Strategiespiel
1.5.1. Spielidee
Sowohl Siedler als auch Goldgräber beanspruchen den wasserreichen Fluss für sich, die einen zum Goldwaschen, die anderen für die Trinkwasserversorgung. Um nun Ansprüche geltend zu machen, müssen die Siedler, aus Richtung Osten kommend, Häuser errichten. Die Goldgräber müssen ihrerseits, aus Richtung Westen kommend, Sprengarbeiten durchführen. Gearbeitet wird jeweils in Abschnitten. Erreicht man nun am Ende eines Abschnitts den Fluss, gehen die Rechte an die Gruppe, die den Fluss zuerst vollständig einnimmt.

1.5.2. Spielablauf
Zuerst müssen Gruppen gebildet werden. Es sollen ca. fünf Goldgräber in einer Gruppe sein. Für dieses Spiel muss eine gerade Gruppenzahl entstehen, da immer zwei Gruppen gegeneinander spielen. Nun werden die Gruppen noch in Siedler und Goldgräber aufgeteilt (z. B. auslosen).

X. Spieleprogramm

Beispiel: 30 Freizeitteilnehmer. Diese 30 Kinder werden in sechs Gruppen zu je fünf Spielern aufgeteilt. Die sechs Gruppen werden jetzt zu drei Siedler-Trupps und drei Goldgräber-Trupps ernannt.

Es werden nun in zwei Abschnitten je fünf Spielstationen aufgebaut. An den Stationen spielt immer zuerst je ein Siedler und dann ein Goldgräber. Es entsteht ein regelrechter Zweikampf.

s. Kapitel XIII
V4-33 bis **V4-36**

Je nach erreichter Punktezahl bekommt der Siedler Bauabschnitte und der Goldgräber Sprengabschnitte. Diese Abschnitte werden auf dem Grundbuchamt auf ein Grundbuchblatt aufgeklebt.

1.5.3. Organisation

s. Kapitel XIII
V4-33

Jedes Kind bekommt eine Punktekarte. An den Stationen werden hier alle erreichten Punkte eingetragen. Erfolgt die Bewertung als Gruppe, werden die erreichten Punkte auf die einzelnen Spieler der Gruppe verteilt. Dabei wird immer auf volle 10 Punkte aufgerundet.

Für die Punkteauswertung (Bauabschnitte/Sprengabschnitte) wird ein Grundbuchamt eingerichtet. Der Grundbuchbeamte (Mitarbeiter) sitzt an einem Tisch und hat folgende Dinge parat:

s. Kapitel XIII
V4-34
V4-35 u. **V4-36**

- ein Grundbuchblatt DIN A3 für jedes Gruppenpaar (Siedler/Goldgräber)
- Baupunkte/Sprengpunkte in ausreichender Menge
- pro Gruppe eine Schere
- pro Gruppe 1 Klebestift

Nach jeder gespielten Runde müssen die Gruppenpaare ihre erreichten Punkte beim Grundbuchamt in Bauabschnitte bzw. Sprengabschnitte eintauschen. Jeder Abschnitt hat einen Wert von 50 Punkten. Die erreichten Punkte werden auf dem Grundbuchamt immer auf volle 50 Punkte aufgerundet! Die Abschnitte werden dann auf das Grundbuchblatt aufgeklebt. Beim Kleben darauf achten, dass möglichst viele Bachflächen erreicht werden (diese ergeben Bonuspunkte).

Ist das Spiel zu Ende, werden alle erreichten Punkte pro Gruppe addiert. Zusätzlich werden pro erreichter Bachfläche als Bonus 100 Punkte gutgeschrieben.

1.5.4. Stationen (1. Runde)

a) Auf der Jagd
Wie zu alter Zeit wird versucht, mit Pfeil und Bogen Wild zu erlegen. Jeder Spieler hat drei Schuss.
Material:
- Bogen
- 3 Pfeile
- Zielscheibe

Bewertung:
Ringe von innen nach außen: 40, 30, 20, 10
Max. Punkte pro Spieler: 100

X. Spieleprogramm

b) Alle haben großen Durst
Aus einem etwa 10 m entfernt stehenden Eimer muss die jeweilige Gruppe mit einem kleinen Becher Wasser schöpfen und zu ihrem Brunnen bringen. Da es schon fast dunkel ist, haben sie dafür aber nicht viel Zeit. Innerhalb von 90 Sekunden muss so viel Wasser wie möglich geschöpft werden, Das Spiel ist als Stafette gedacht.
Material:
- Eimer mit Wasser
- Eimer als Auffangbehälter (Brunnen)
- kleiner Becher
- Stoppuhr
- Messbecher

Bewertung:
Mit dem Messbecher wird die Menge ermittelt: für je 10 ml gibt es 1 Punkt.
Max. Punkte pro Gruppe: ca. 200 bis 300

c) Die tägliche Wäsche
Der große Wäschekorb ist auseinander gefallen. Damit die Mutter nun nicht so viel Arbeit hat, helfen alle mit beim Wäsche-Aufhängen. Eine Wäscheleine wird in 10-15 m Entfernung aufgehängt. Innerhalb von 90 Sekunden müssen nun so viele Wäschestücke aufgehängt werden wie möglich. Jedes Wäschestück muss mit zwei Klammern aufgehängt werden. Das Spiel ist als Stafette gedacht.
Material:
- Wäscheleine
- ca. 40 Wäscheklammern
- ca. 20 Wäschestücke
- Stoppuhr

Bewertung:
Pro aufgehängtes Wäschestück gibt es 10 Punkte
Max. Punkte pro Gruppe: 200

d) Der neue Stall
Weil immer mehr Tiere geboren werden, muss ein neuer Stall gebaut werden. Für den richtigen Halt sorgen viele Nägel. Innerhalb von 90 Sekunden muss die Gruppe so viele Nägel wie möglich in einen Balken schlagen. Das Spiel ist eine Stafette.
Material:
- ein Balken
- ein großer Hammer
- Nägel
- Stoppuhr

Bewertung: Pro eingeschlagenen Nagel gibt es 10 Punkte. Es zählen nur die ganz eingeschlagenen Nägel. Krumm geschlagene Nägel zählen nicht.
Max. Punkte pro Gruppe: ca. 150 - 200

X. Spieleprogramm

e) Die Postkutsche kommt
Durch die lange, holprige Fahrt ist die Post etwas durcheinander gekommen. Innerhalb von 180 Sekunden muss die Gruppe versuchen die Post zu ordnen. Dazu müssen die 26 Buchstaben des Alphabets der Reihe nach auf eine etwa 10 m entfernte Wäscheleine aufgehängt werden. Das Spiel ist als Stafette gedacht.
Material:
- 26 Buchstaben auf Karton
- Wäscheleine
- 26 Klammern
- Stoppuhr

Bewertung:
Für jeden in der Reihenfolge richtigen Buchstaben gibt es 10 Punkte.
Max. Punkte pro Gruppe: 260

1.5.5. Stationen (2. Runde)

a) Es brennt!
Ein Feuer ist im Haupthaus ausgebrochen. So schnell wie möglich versuchen die Gruppen das Feuer zu löschen. Für jeden Spieler wird eine Kerze angezündet, die dann mit einer Wasserpistole (oder Spritze) ausgeschossen werden muss. Hat der erste Spieler seine Kerze gelöscht, kommt der nächste dran, bis alle ausgeschossen sind. Festgehalten wird die Zeit, bis alle Kerzen gelöscht sind. (Bitte vorher testen, ob die Aufgabe gut lösbar ist!)
Material:
- Kerzen (z. B. Teelichte)
- Stoppuhr
- Streichhölzer/Feuerzeug
- Wasserpistole/Spritze
- Eimer mit Wasser

Bewertung:
Jede Gruppe hat ein Punktekonto von 100 mal Spieleranzahl. Pro Sekunde, die fürs Schießen verbraucht wird, werden 5 Punkte von diesem Konto abgezogen Die Restpunkte werden dann gutgeschrieben.
Beispiel: Eine Gruppe mit 5 Spielern hat ein Konto von 100 x 5 = 500 Punkte. Sie benötigt für alle Kerzen 50 Sekunden. Die Gruppe bekommt jetzt noch 250 Punkte gutgeschrieben.
Max. Punkte pro Gruppe: ca. 350

b) Der Winter kommt
Die Tage werden kürzer, die Nächte länger. Der Winter steht vor der Tür. Um im Winter nicht zu frieren, müssen die Siedler für Brennholz sorgen. Mit einer Säge ziehen sie los und schneiden Brennholz. Von einem langen Ast müssen immer 10 cm lange Stücke abgesägt werden. Innerhalb von 120 Sekunden müssen so viel Stücke gesägt werden wie möglich. Beim

X. Spieleprogramm

Sägen wechseln sich die Spieler immer ab. Nach jedem Stück sägt ein anderer.
Material:
- langer Ast (Baumstamm); dabei darauf achten, dass für alle Gruppen etwa der gleiche Durchmesser und das gleiche Material genommen wird.
- Säge
- Stoppuhr
- Zollstock

Bewertung:
- pro Astabschnitt gibt es 10 Punkte
Max. Punkte pro Gruppe: ca. 200

c) Jagdvorbereitung
Um auf der Jagd erfolgreich zu sein, muss das Schießen geübt werden. Mit der Zwille müssen nun mit drei Schüssen so viele Dosen umgeschossen werden wie möglich.
Material:
- Zwille mit Munition
- 10 Dosen (die Dosen werden zu einer Pyramide 4/3/2/1 aufgestellt)

Bewertung:
- Für jede getroffene Dose gibt es 10 Punkte
Max. Punkte pro Spieler: 100

d) Der Zweikampf
Goldgräber und Siedler stehen sich Auge in Auge in einem Kreis (ca. 1 - 1,5 m Durchmesser) gegenüber. Es kommt zu einem spannenden Duell. Wem gelingt es nun zuerst, seinen Gegner aus dem Kreis zu drängen?
Material:
- ein Kreis (kann mit Kreide aufgemalt oder mit einem Seil gelegt werden)

Bewertung:
- Der jeweilige Sieger erhält 100 Punkte
Die Zeit wird auf maximal 90 Sekunden begrenzt! Gibt es bis dahin keinen Sieger, werden die Punkte geteilt.
Max. Punkte pro Spieler: 100

e) Großer Festabend
Das Fest ist in vollem Gange. Jeder will der Stärkste sein. Schnell wird ein Steinweitwurf arrangiert. Jeder darf den Stein werfen. Wer erzielt die größte Weite?
Material:
- Stein (ca. 2 kg schwer)
- Bandmaß

Bewertung:
- Pro angefangene 50 cm gibt es 5 Punkte (evtl. muss noch ein Korrektur-

X. Spieleprogramm

faktor "Alter" mit berücksichtigt werden!)
Max. Punkte pro Spieler: ca. 80

1.5.6. Spielzubehör
- Punktekarte für jeden Mitspieler
- Bauabschnitte/Sprengabschnitte
- DIN-A3-Grundbuchblatt für jedes Gruppenpaar
- Buchstabenkarten (A-Z)

1.5.7. Gesamtmaterialliste
- Bogen, 3 Pfeile, Zielscheibe
- Eimer mit Wasser
- leerer Eimer
- kleine Becher
- Stoppuhr(en)
- Messbecher
- Wäscheleine
- 40 Wäscheklammern
- 20 Wäschestücke
- Balken
- großer Hammer
- Nägel
- Buchstabenkarten (A-Z)
- Kerzen (Teelichte)
- Streichhölzer/Feuerzeug
- Säge
- Zollstock
- Zwille, Munition, 10 Dosen
- Kreide/Seil
- Stein, ca. 2 kg schwer
- Bandmaß

s. Kapitel XIII
V4-33
V4-34
V4-35
V4-36

1.5.9. Vorlagen
- Punktekarten
- Grundbuchblatt auf DIN A3 kopieren (für je zwei Gruppen einen Bogen)
- Baupunkte
- Sprengpunkte

1.6. Bibelwettlauf zur Bibelarbeitsreihe
Als Abschluss einer Bibelarbeitsreihe bietet sich ein Wettspiel an, bei dem Bibelwissen weiterhilft und zu einer guten Bewertung führt. So besteht ein Anreiz, bei den Bibelarbeiten mitzudenken und sich inhaltlich möglichst viel zu merken.

An verschiedenen Stationen werden Aufgabenzettel mit Fragen zu den Geschichten aufgehängt. Evtl. führt man noch kleine Spiele durch oder stellt besondere Aufgaben. Ein solcher Bibelwettlauf ist beispielhaft zur Bibelarbeitsreihe dieses Buches im Anhang abgedruckt und kann so übernommen werden.

V4-37

Es sollten immer zwei Goldgräber gemeinsam losziehen. Ob eine Bibel als Hilfsmittel erlaubt ist oder nicht, muss von der Gruppenzusammensetzung abhängig gemacht werden.

1.7. Wasserspiele im Yukon-River
1.7.1. Story
Der Yukon-River wird bekannt, als 1896 Robert Henderson im Sand eines abgelegenen Zuflusses des Yukon einige Nuggets findet. Über den Yukon reisen Tausende in die abgelegene Wildnis Alaskas und Kanadas, um ihr Glück zu machen. Schließlich werden in zahlreichen Nebenflüssen des Yukon-River (Klondike u. a.) sagenhafte Goldvorkommen gefunden.
Wir sind als Goldgräber auf der Reise über den Yukon und müssen manche harte Stunde und Situation meistern. Vor allem der Wettkampf mit den anderen Goldgräbern um die schnellste Passage, die besten Claims etc. wird hart ausgefochten. In Form von Wettkämpfen ermitteln wir die Goldgräber, die es wert sind, die "Helden vom Yukon" genannt zu werden.

1.7.2. Ort
Schwimmbecken, See, Teich etc., in dem ungefähr solche Wasserspiele durchgeführt werden können. Ein kleiner Fluss ist für manche der Spiele ebenso brauchbar - evtl. muss etwas modifiziert werden.

1.7.3. Wertung
Wir bilden vier Goldgräberteams, die gegeneinander spielen. Dabei gibt es je Spiel Goldnuggets für die Gruppen:
Platz 1: 4 Nuggets; Platz 2: 3 Nuggets; Platz 3: 2 Nuggets; Platz 4: 1 Nugget. Zum Schluss ermitteln wir die Gesamtanzahl der Nuggets.
Ein Joker, der beliebig gesetzt werden kann, verdoppelt die bei diesem Spiel gewonnenen Nuggets.

1.7.4. Wettkämpfe
1.7.4.1. Gold waschen
Im Wasser schwimmt eine große Anzahl TT-Bälle. Diese müssen gefischt werden. Alle vier Gruppen arbeiten gleichzeitig, wobei immer nur ein Ball geholt werden darf - den dann an den Rand bringen, dann erst den nächsten holen.
Variante 1: immer eine Gruppe - dann auf Zeit.
Variante 2: Drei Abgesandte aus einer Gruppe auf Zeit.
Variante 3: Aus jeder Gruppe ein Abgesandter - gleichzeitig gegeneinander.
Material: zahlreiche TT-Bälle

X. Spieleprogramm

1.7.4.2. Wettschwimmen
Aus jedem Team ein Schwimmer - es gilt den Yukon am schnellsten zu durchqueren und am Ende einen Nugget zu greifen (TT-Ball liegt auf Beckenrand).
Variante 1: Immer ein Schwimmer - dann auf Zeit.
Variante 2: Staffel: Mehrere Schwimmer hintereinander.
Material: 4 TT-Bälle

1.7.4.3. Nach Gold tauchen
Mehrere Gegenstände werden im Becken versenkt - diese gilt es wiederzuholen. Aus jeder Gruppe ein Taucher.
Variante 1: Zwei oder mehrere Taucher.
Variante 2: Immer eine Gruppe - auf Zeit.
Variante 3: Staffel: Sobald ein Gegenstand geholt wurde, darf der Nächste tauchen.
Material: Nichtschwimmbare Gegenstände

1.7.4.4. Zweikampf um den besten Claim
Je ein Goldgräber aus jedem Team kämpft per Luftmatratze (o. ä.) um den besten Claim. Turniermodus jeder gegen jeden. Wer hat die meisten Siege?
Material: 2 Luftmatratzen oder großer Bottich

1.7.4.5. Fang die Nuggets!
Zwei Goldgräber eines gegnerischen Teams werfen nacheinander TT-Bälle ins Wasser (möglichst weit). Drei Schwimmer müssen nun versuchen, die Bälle möglichst rasch an den Rand zu befördern, wo ein Mitspieler wartet, um sie anzunehmen.
Material: TT-Bälle

1.7.4.6. Überquerung des Yukon-Rivers
Mit einem gefalteten Handtuch (die Ausrüstung) auf dem Kopf muss das Becken überquert werden (auf Zeit). Wird das Handtuch nass, gibt es Strafsekunden.
Material: Handtuch (evtl. Ersatzhandtücher)

1.7.4.7. Mit Kleidern schwimmen
Das Boot ist umgestürzt und wir müssen mit voller Montur zurückschwimmen: Ein Goldgräber zieht die nassen, bereitgelegten Sachen an: Hose, Socken, Jacke, Hut, Handschuhe, Stiefel - dann den Yukon durchschwimmen (alles auf Zeit).
Material: Anziehsachen (schon beim ersten Schwimmer nass machen)

1.7.4.8. Tauziehen im Wasser
Tau schwimmt im Wasser. Auf Kommando schwimmen zwei je Teams

X. Spieleprogramm

hin und legen es sich über die Schulter. Nur durch Schwimmen darf man sich bewegen - wer ist zuerst an seinem Ufer?
Material: Tau

1.7.4.9. Feuer durchs Wasser
Jedes Team bekommt eine Kerze und ein Päckchen Streichhölzer. Damit muss per Staffel die Strecke geschwommen werden. Zum Schluss versucht die ganze Gruppe, die Kerze anzuzünden. Die Gruppe, deren Kerze zuerst brennt, gewinnt usw.
Material: 4 Kerzen, 4 Päckchen Streichhölzer

1.7.4.10. Kampf gegen falsches Gold
Das Becken wird durch ein Tau abgeteilt in zwei Hälften. Je ein Team in eine Hälfte (Turniermodus). Jedes Team bekommt eine Anzahl TT-Bälle ins Becken. Eine Minute Zeit: Möglichst alle Bälle ins gegnerische Feld (die natürlich ebenso). Wer hat nach einer Minute die wenigsten Bälle im eigenen Feld?
Material: Tau, TT-Bälle

2. Spiele für drinnen

2.1. Info- und Spieleabend "Ein Leben als Goldgräber"
Dieser Abend dient dem "spielerischen Lernen": Informationen über Land und Leute, Sitten und Gebräuche und vieles mehr werden interessant vermittelt. Zu jedem Bereich wird zudem ein Spiel durchgeführt.

Dieser Spieleabend sollte möglichst zu Beginn der Freizeit bzw. Gruppenstundenreihe durchgeführt werden.

2.1.1. Organisation
Im Raum werden vier Tischgruppen gebildet, an denen die Gruppen der Goldsucher sitzen. Der Spieleabend läuft so ab: Die Informationen zu den einzelnen Bereichen werden - durch Bilder unterlegt (OHP) - interessant übermittelt (je Bereich maximal 3 bis 5 Minuten!). Im Anschluss an jeden Bereich wird ein passendes Spiel (s. u.) gespielt, bei dem die Gruppen um Punkte kämpfen.

Zu allen Bereichen finden sich einige Kopiervorlagen im Anhang! Weitere Illustrationen bitte aus der entsprechenden Literatur besorgen.
s. Kapitel XIII
s. Kapitel XII

2.1.2. Die Themenbereiche
An dieser Stelle werden lediglich die Spiele aufgeführt. Die Sachinformationen zu den einzelnen Themenbereichen finden sich weiter vorne.
s. Kapitel IV

2.1.2.1. Gold - was ist das eigentlich?
Spiel:
Gewichte schätzen. Mehrere Gegenstände müssen auf ihr Gewicht geprüft

X. Spieleprogramm

und dieses geschätzt werden. Dazu schreiben die Gruppen die Lösungen auf.
Material:
- Gegenstände
- Waage.

2.1.2.2. Goldsuche in den Jahrhunderten
Spiel:
Goldsuche: Im Heim sind etliche Goldnuggets versteckt, die von immer einer Gruppe gesucht werden müssen (2 Minuten Zeit). Dann werden die Nuggets wieder versteckt und die nächste Gruppe beginnt die Suche. Wer findet am meisten Nuggets?
Material:
- Goldnuggets
- Stoppuhr

2.1.2.3. Gold in Fort Sutter
Spiel:
Oft war es notwendig, gut schießen zu können: Jagd und Abwehr gegen Angriffe. Schießübung: (Spielzeug-)Armbrust schießen.
Material:
- Armbrust
- Pfeile
- Ziele
- Ständer

2.1.2.4. Der Alltag eines Goldgräbers
Spiel:
Getränke im Saloon: Eine Flasche muss leer getrunken werden. Dazu gießt einer ein Glas voll und schiebt es mit Schwung über den Tisch. Der Nächste muss es auffangen und leer trinken - dann zurückschieben. Es wird wieder gefüllt und ein anderer trinkt es leer, usw. Auf Zeit.
Material:
- Flasche Sprudel
- Glas
- Tisch
- Stoppuhr

2.1.2.5. Die Ausrüstung eines Goldgräbers
Spiel:
Einkleiden des Goldgräbers. Entsprechende Kleidung auf Zeit anlegen. Als Staffel: Drei Goldgräber hintereinander. Der Nächste darf erst beginnen, wenn der Vordermann wieder fertig ist.
Material:
- Stiefel

X. Spieleprogramm

- Jeans
- Weste
- Hut
- Rucksack
- Pfanne
- etc.

2.1.2.6. Methoden der Goldgewinnung
Spiel:
Wir waschen auch - allerdings kein Gold, sondern uns. Vier Goldgräber jeder Gruppe müssen sich komplett in Badesachen umkleiden und erscheinen. Damit der Sieg jedoch gültig wird, gehört ein Sprung ins kalte Nass (Schwimmbad) dazu!
Material:
--

2.1.2.7. Das Umfeld eines Goldgräbers
Spiel:
Schlägerei im Saloon: Auf einem Bein stehend muss - mit verschränkten Armen - der Gegner aus einem Feld gedrängt werden. Turniermodus. Wer gewinnt?
Material:
- Feldabgrenzung.

2.1.2.8. Gold in Alaska
Spiel:
Oft war die Anreise die gefährlichste Sache an sich. Wir üben das: Ein Goldgräber mit verbundenen Augen muss per Zuruf durch die anderen Goldgräber seiner Gruppe einen Parcours ablaufen und zum Schluss einen Nugget finden. Die anderen Gruppen dürfen mit je einem Goldgräber dazwischenrufen.
Material:
- Hindernisse
- Nugget
- Augenbinde

2.1.2.9. Goldrausch heute
Spiel:
Ferne Länder auf der Weltkarte suchen und finden. Wie viel Zeit wird gebraucht? Zwei aus jedem Team.
Die Länder: Brasilien, Australien, Sibirien, Neuseeland, Schweden, Südafrika, Kalifornien, Alaska.
Material:
- Weltkarte

X. Spieleprogramm

2.2. Goldrausch in Alaska - ein Spiel um Gold und Geld
2.2.1. Kurzinfo für Ungeduldige

Ein Brettspiel um Gold und Geld. Neuankömmlinge in der "Neuen Welt" verdienen sich ihr erstes Geld gewöhnlich als Tellerwäscher. Möglichkeiten bestehen bei der Bahn, einen Job als Bahnarbeiter, Vorarbeiter oder gar als Sprengmeister zu ergattern. Entsprechend verdient man mehr, aber auch das Leben verteuert sich. Neben dem Geld sammelt man Erfahrungen, die notwendig sind, um vorwärts zu kommen ("Das ist ja wie im echten Leben?!").

Das Spiel besteht aus drei zusammenhängenden Runden:

1. In San Francisco, wo man gerade vom Schiff an Land gegangen ist, findet die erste Runde statt. Hat man genug Geld gesammelt, bricht man Richtung Westen auf, um dem Ruf des Goldes zu folgen. Dabei geht die Reise durch das ...

2. ... "Desert-Valley" (zweite Runde). Diese Reise ist von mancherlei Gefahren und Überraschungen gekennzeichnet. Nachdem man alle Strapazen überstanden hat, kann in der dritten Runde ...

3. ... - Gold-Lake-City - mit der Goldsuche begonnen werden. Hierzu kann man verschiedene Minen und Claims erwerben, die unterschiedliche Erträge pro Runde abwerfen. Jedoch kann man sich vor dem Kauf lediglich eine grobe Orientierung über den Ertrag der Minen/Claims verschaffen.

Es wird mit harten Bandagen gekämpft. So kann man z. B. Sabotagen an den Minen/Claims anderer Gruppen verüben, mit anderen Gruppen um Geld streiten. Weiter ist es nötig, die richtigen Ausrüstungsgegenstände zu erwerben, um größtmögliche Gewinne einzustreichen.

Alles in allem eine spannende Sache, bei der Strategie, Übersicht und ein Quentchen Glück ausschlaggebend sind. Sieger ist nach festgelegter Zeit die Gruppe mit dem meisten Geld.

2.2.2. Material

s. Kapitel XIII
V4-41
V4-43

- Spielplan
- Ereigniskarten
- Würfel
- Spielfiguren (so viele wie Gruppen)

V4-6 - Spielgeld
V4-38 - Erfahrungspunkte
V4-39 - Besitzbögen (so viele wie Gruppen)
V4-40 - Besitzkarten der Minen/Claims
V4-42 - Übersichtsliste Minen/Claims (so viele wie Gruppen)

2.2.3. Regeln
2.2.3.1. Runde 1: San Francisco

Alle Gruppen starten auf dem **Arbeitsamt** als frisch eingestellte Tellerwäscher. Jede Runde wird jeder Gruppe ein vom Beruf abhängiges Gehalt

X. Spieleprogramm

ausgezahlt:
- Tellerwäscher   10 $
- Bahnarbeiter   50 $
- Vorarbeiter   100 $
- Sprengmeister   200 $

Zusätzlich erhält jede Gruppe pro Runde eine **Erfahrungskarte**.

Wer auf das **Urlaubsfeld** zieht, erhält als Tellerwäscher 100 $, als Bahnarbeiter 200 $, als Vorarbeiter 400 $ und als Sprengmeister 600 $ Urlaubsgeld.

Auf dem Spielplan wird sich gegen Geld im Uhrzeigersinn vorwärts bewegt. Hierbei ist es erlaubt, beliebig viele Schritte auf einmal zu gehen, jedoch ist dies gegenüber Einzelschritten teurer. Der Preis für die Schritte ist vom Einkommen abhängig. Zurückgehen ist nicht erlaubt. Jedoch darf man stehen bleiben und das auf dem Feld Angewiesene nochmals ausführen. Dies gilt jedoch nicht beim Urlaubsgeld!

1 Schritt	kostet	1 Gehalt
2 Schritte	kosten	3 Gehälter
3 Schritte	kosten	5 Gehälter
4 Schritte	kosten	7 Gehälter
5 Schritte	kosten	9 Gehälter
6 Schritte	kosten	11 Gehälter

Ein Berufswechsel ist auf dem **Arbeitsamt** möglich. Zum Aufsteigen in den nächst höheren Berufsstand werden jedes Mal 5 Erfahrungen benötigt. Es ist auch erlaubt, 2 oder 3 Stufen in einem aufzusteigen. Jedoch sind hierbei entsprechend mehr Erfahrungen nötig (für 2 Stufen 10 Erfahrungen, für 3 Stufen 15 Erfahrungen). Ein Absteigen in einen niedrigeren Berufsstand ist nicht möglich.

Auf der **Bank** können Erfahrungen zu Geld gemacht werden. Dabei erhält man für jede verkaufte Erfahrung ein Gehalt des derzeit ausgeübten Berufs. Auch können Erfahrungen hier für jeweils ein Gehalt gekauft werden. So ist es günstig, früh Erfahrungen zu niedrigen Preisen zu kaufen und erst nach Erreichen eines Berufs mit hohem Einkommen zu verkaufen.

Wie es sich für eine richtige Westernstadt gehört, gibt es in San Francisco auch eine **Spielbank**. Wenn eine Gruppe dies Feld betritt, so kann sie Geldbeträge auf gerade oder ungerade setzen. Bei richtigem Würfeln erhält sie den Einsatz verdoppelt.

Da im Leben nicht immer alles glatt geht, gibt es **Ereignisfelder,** auf denen eine Ereigniskarte gezogen werden muss. Achtung: Für Tellerwäscher und bei der Bahn Beschäftigte gibt es zwei verschiedene Stapel Ereigniskarten. Wer kein Geld mehr hat und durch eine Ereigniskarte et-was bezahlen muss, kann und braucht dies nicht zu bezahlen. Glück gehabt!

Im **Store** können verschiedene Gegenstände erworben werden:

Kleidung	1.000 $
Esel	500 $
Grab- oder Waschwerkzeuge	500 $

X. Spieleprogramm

Erworbene Gegenstände werden auf dem **Besitzbogen** angekreuzt.

Um San Francisco in Richtung Westen verlassen zu dürfen, benötigt man mindestens 20 Gehälter, Kleidung und ein Grab- oder Waschwerkzeug. Die restlichen Werkzeuge sind nicht erforderlich, können jedoch auf der Reise durch Desert-Valley Vorteile oder Geld bringen. Auch der Esel kann auf der Reise nützlich sein, besonders am Pass, da dort so nur der einfache Preis gezahlt werden muss. Es kann aber auch vorkommen, dass der Esel die Strapazen der Reise nicht so lange wie die Goldsucher mitmacht.

2.2.3.2. Runde 2: Desert-Valley und Pass

Ihr habt es geschafft und seid endlich auf der Reise? Gut! Es wird sich genauso vorwärts bewegt wie in San Francisco, jedoch gibt es kein Einkommen mehr (aha, dafür also die 20 Gehälter!?). Jedoch macht man auch hier jede Runde seine Erfahrung!

Auf dem **Goldfundfeld** kann man, wie der Name schon sagt, Gold finden. Hierzu würfelt man; die gewürfelten Augen mal 200 $ ergeben die Höhe des Goldfundes.

Auf manchen Feldern zettelt ihr mit einer beliebigen Gruppe eine **Reiberei** an. Dabei würfeln beide Gruppen. Jede Gruppe muss so viele eigene Gehälter zahlen wie die andere Gruppe Augen gewürfelt hat.
Beispiel: Gruppe 1 ist Bahnarbeiter, Gruppe 2 ist Sprengmeister. Gruppe 1 würfelt eine 5, Gruppe 2 eine 3. Somit muss Gruppe 1 250 $ an Gruppe 2 zahlen und diese 600 $ an Gruppe 1.

Bei der **Passüberquerung** dürfen nur Einzelschritte gemacht werden. Jeder Schritt muss doppelt bezahlt werden. Wer einen Esel hat, braucht auch hier nur den normalen Preis zu bezahlen.

Auf der Reise durch Desert-Valley ist jedes Feld zugleich ein **Ereignisfeld**. Achtung: Hier gibt es getrennte Stapel für die normale Reise durch Desert-Valley und den Pass.

2.2.3.3. Runde 3: Gold-Lake-City

Bei der Ankunft in Gold-Lake-City muss man sich zu erst auf der **Einwanderungsbehörde** gegen eine Gebühr von 1.000 $ anmelden und seine Unterkunft wählen. Es gibt drei Möglichkeiten der Unterbringung:

a) Zelt: 500 $ Anschaffungskosten
                100 $ laufende Kosten
                kann Schaden durch Ereigniskarten nehmen

b) Hotel: keine Anschaffungskosten
                200 $ laufende Kosten
                kein Schaden durch Ereigniskarten

c) Blockhütte: 2.000 $ Anschaffungskosten
                50 $ laufende Kosten
                kein Schaden durch Ereigniskarten

Die Unterkunft kann im weiteren Verlauf bei der Einwanderungsbehör-

X. Spieleprogramm

de auch wieder geändert werden.

In Gold-Lake-City gibt es keine Berufe mehr, denn dies ist eine Goldgräberstadt. So sind alle mit der Ankunft automatisch Goldgräber und erhalten natürlich auch keine Gehälter mehr. Jedoch macht man auch hier jede Runde so seine Erfahrung, die man sich nur noch in Form eines Erfahrungspunktes bestätigen lassen muss.

Um vorwärts zu kommen (immer noch im Uhrzeigersinn), muss man die laufenden Kosten entsprechend dem Gehältersystem der Runde 1 bezahlen.

Auf der **Bank** können hier die Erfahrungen nur noch verkauft werden. Jede Erfahrung ist 100 $ wert.

Spielbanken sind überall gleich, egal ob im Osten oder im Westen (siehe Runde 1: San Francisco).

Es wird sich auch in Gold-Lake-City auf dem **Reibereifeld** gerieben, jedoch nicht um Gehälter, sondern hier ist jedes gewürfelte Auge 200 $ wert.

Einen **Store** gibt es auch hier, jedoch ist dieser eine richtige "Apotheke", denn hier gelten doppelte Preise.

Im **Mining-Office** kann jede Runde eine Mine oder ein Claim für 2.000 $ erworben werden. Diese sind auf dem Spielplan in Gruppenfarbe zu markieren. Die von den Minen und Claims abgeworfenen Erträge sind den Gruppen vorher nicht bekannt.

Um Auskünfte über die Erträge der Minen/Claims zu erhalten, können die Gruppen eine eigene *Probe* einer Mine/eines Claims machen. Diese kostet 200 $. Es wird der Gruppe der *Ertrag der ersten Runde* leise bekannt gegeben. Auch kann eine *Expertenprobe* angefordert werden. Diese kostet 1.000 $. Es wird der Gruppe der *Durchschnittsertrag* aller Runden, in denen die Mine/das Claim etwas abwirft, leise bekannt gegeben.

Die abgeworfenen Erträge sind zeitlich begrenzt und können der Minen/Claim-Übersicht entnommen werden. Der für das Geld verantwortliche Mitarbeiter hakt jede Runde, nachdem er den Ertrag ausgezahlt hat, dies auf der Übersicht ab.

Um eine Mine zu erwerben oder eigene Proben in einer Mine zu nehmen, sind beide Grabwerkzeuge erforderlich, bei einem Claim beide Waschwerkzeuge.

Auf dem **Sabotagefeld** kann ein Outlaw angeheuert werden, um eine Mine/Claim einer anderen Gruppe nach Wahl zu sabotieren.

Der Outlaw kann, um eine Mine zu sabotieren:
- für 1.000 $ die Mine sprengen ➜ 3 Runden kein Ertrag in dieser Mine
- für 500 $ ein Durchfallmittel in das Essen der Minenarbeiter mischen ➜ 3 Runden nur der halbe Ertrag in dieser Mine

Um einen Claim zu sabotieren hat er folgende Möglichkeiten:
- für 1.000 $ einen Dammbruch am Fluss verursachen ➜ 3 Runden keinen Ertrag von diesem Claim

X. Spieleprogramm

- für 500 $ Arbeiter abwerben ➔ 3 Runden nur der halbe Ertrag von diesem Claim

2.2.4. Ende des Spiels
In Gold-Lake-City angekommen, wird eine Zeit festgesetzt, zu der das Spiel beendet wird. Somit ist es günstig, möglichst früh in Gold-Lake-City anzukommen. Die Gruppe mit dem meisten Bargeld hat gewonnen.

2.2.5. Hinweise
Für die Mitarbeiter: Jede Gruppe bekommt einen Mitarbeiter als Gruppenleiter, der sich um die Auszahlungen bzw. das Einsammeln des Geldes seiner Gruppe kümmert und die Erfahrungspunkte etc. vergibt. Er darf sich jedoch nicht um die Strategie bzw. die Spielzüge der Gruppe kümmern! Zahlungen sollten leise verlaufen, damit keine Gruppe über den Geldbestand der anderen Gruppen informiert ist - so bleibt es spannender.

2.2.6. Variationsmöglichkeiten
Um den Start etwas zu beschleunigen, kann man den Gruppen ein Startkapital von z. B. 200 $ mit auf den Weg geben.
Man kann Prämien für die Ausreise aus San Francisco aussetzen: z. B. 2.000 $ für den Ersten, der auf die Reise geht, für den Zweiten 1.500 $, den Dritten 1.000 $ und für den Vierten 500 $.

2.3. Das Millionenspiel
2.3.1. Story
Die Goldgräber treffen sich abends im Saloon, um den ersten Millionär des Städtchens zu ermitteln. Alle prahlen mit ihren Funden und Goldvorräten. Da der Sieger nicht ermittelt werden kann, beschließt man, durch einen Wettkampf das Ergebnis herauszufinden. Was könnte bei Goldsuchern besser geeignet sein als eine Mischung aus Wissen, Können und Wettgeschick ...

2.3.2. Ablauf/Regeln
Die Goldgräber werden in gleich starke Gruppen eingeteilt - jede Gruppe erhält ein Startkapital. Reihum wird gewürfelt und durch den Wurf eines von sechs Spielgebieten gewählt (z. B. Gold, Bibel, Sport, Biologie, Geschichte, Technik). Die Gruppe bekommt eine Frage/Aufgabe gestellt, die es zu lösen gilt. Bei richtiger Lösung gibt es eine Prämie, die zuvor festgelegt wurde (und die während des Spielverlaufs parallel zur umlaufenden Geldmenge ansteigt). Bei einer falschen Antwort wird die Frage/Aufgabe nicht weitergegeben, sondern die nächste Gruppe würfelt neu.

Die anderen Gruppen wetten nun **vor** Stellung der Frage/Aufgabe darauf, ob sie meinen, dass die Antwort richtig gegeben wird oder nicht. Wetten sie richtig, verdoppelt sich der Einsatz, wetten sie falsch, erhält die Bank das Geld.

X. Spieleprogramm

2.3.3. Material
- Plakat oder Folie mit den sechs Wissens-/Aufgabengebieten
- Würfel (möglichst groß) s. Kapitel XIII
- Geldscheine **V4-6**
- Pappschilder zum Abdecken der Wetteinsätze
- Genügend Fragen- bzw. Aufgabenmaterial (Quizbücher u. ä.)

2.3.4. Ende
Beendet werden kann das Millionenspiel zu jedem beliebigen Zeitpunkt. Man kann auch enden, sobald der erste Millionär feststeht (dann muss man gut überlegen, mit welchem Kapital man beginnt, wie hoch die Prämien sind etc.).

2.3.5. Tipps
Die Prämie für eine richtige Antwort/Lösung sollte der Gesamtgeldmenge angepasst werden, d. h. das Verhältnis muss ähnlich bleiben. Ansonsten finden manche Gruppen schnell heraus, dass es u. U. lukrativer ist, eine Antwort extra falsch zu geben, damit die anderen Gruppen ihre Wette evtl. verlieren, als die eigene Prämie für die richtige Antwort zu kassieren. Der Reiz, richtig zu antworten, muss also relativ hoch sein.

Darauf achten, dass die Wetteinsätze zügig vor Stellung der Frage/Aufgabe gesetzt und danach nicht mehr verändert werden.

Neben dem Spielleiter werden pro Gruppe am besten ein Mitarbeiter abgestellt, der das Geschehen überwacht. Weiter ein Mitarbeiter, der die Bank übernimmt und entsprechend die Einsätze kassiert oder auszahlt.

2.4. "Spiel 70"
2.4.1. Regeln/Ablauf
Das "Spiel 70" ist ein Frage- und Antwortspiel rund um das Gold. Dabei sind Fragen aus allen Gebieten vorhanden. Welche Frage zu beantworten ist, wird durch Würfeln und Ziehen auf einem Spielfeld entschieden. Nachdem die Nummer feststeht, muss die Fragekarte mit der entsprechenden Nummer im Haus/Lager/Gelände zunächst gesucht werden. Hat man sie gefunden, kehrt man zur Spielleitung zurück und gibt die Antwort bekannt. Stimmt diese, darf man weiterwürfeln. Stimmt sie nicht, muss die Gruppe drei Minuten aussetzen, bevor sie weiter darf. Geworfen wird nicht - kommen zwei Gruppen auf das gleiche Feld, erledigen sie beide die entsprechende Aufgabe.

2.4.2. Spielmaterial
- Würfel Fragen s. 2.4.5.
- Fragekarten Musterkarte s.
- Spielfeld **V4-44**
- Spielfiguren **V4-45**
- Fragen und Antworten für die Spielleiter s. 2.4.5.

99

X. Spieleprogramm

2.4.3. Vorbereitung
Die Fragekarten müssen im Haus oder Gelände durcheinander aufgehängt werden.

Das Spielfeld muss ausgelegt werden und jede Gruppe erhält eine Spielfigur. Die Jungscharler werden in Gruppen eingeteilt.

2.4.4. Spielende
Hat eine Gruppe das Spielfeld mit der 70 erreicht und die entsprechende Aufgabe/Frage gelöst, hat sie gewonnen. Die Zahl 70 muss allerdings genau erreicht werden, sonst wird die gewürfelte Zahl wieder zurückgesetzt.

2.4.5. Die Fragen/Antworten
Die Fragen müssen noch auf entsprechende Kärtchen übertragen werden (mit den Nummern von 1-70).

1. Welches Edelmetall wird auch heute noch hoch geschätzt?
(Gold)

2. Jetzt müsst ihr schätzen! Weltweit wurden 1987 ca.:
a: 1.000 Tonnen
b: 1.300 Tonnen
c: 1.700 Tonnen Gold abgebaut
(c: 1.700 Tonnen)

3. Nennt die Summe aller Zahlen aus 1. Chronik 29,7!
a: 5.000
b: 10.000
c: 15.000
d: 18.000
e: 100.000
f: 143.000
(1. Chronik 29,7: Und sie gaben für die Arbeit am Haus Gottes 5.000 Talente Gold und 10.000 Dariken und 10.000 Talente Silber und 18.000 Talente Bronze und 100.000 Talente Eisen.
(f: 143.000)

4. Wer findet am schnellsten Steine? Bitte alle Spieler der Gruppe mit einem Stein beim Spielleiter erscheinen.

5. Wie viel Talente Gold standen für das Haus des Herrn bereit? (1. Chronik 22,14)
(1. Chronik 22,14: Und siehe, durch meine Bemühung habe ich für das Haus des HERRN 100.000 Talente Gold und 1.000.000 Talente Silber bereitgestellt.)

X. Spieleprogramm

6. Nenne drei andere Bezeichnungen für Geld.
(Beispiele: Moneten, Kohle, Knete, Mäuse, Zaster, Pinke, Möpse, Money usw.)

7. Aus welchem Material waren die Trinkbecher und Geräte des Königs Salomo, und welches Material hatte zu seiner Zeit keinen Wert? (1. Könige 10,21)
(1. Könige 10,21: Und alle Trinkgefäße des Königs Salomo waren aus Gold, und alle Geräte des Libanonwaldhauses waren aus gediegenem Gold. Silber galt in den Tagen Salomos überhaupt nichts.)

8. Wie lautet das Motto unserer Freizeit?
(Goldgräberlager - ich bin dabei!)

9. Nennt das Jahreseinkommen des Königs Salomo in Gold? (1. Könige 10,14)
(1. Könige 10,14: Und das Gewicht des Goldes, das bei Salomo in einem einzigen Jahr einging, betrug 666 Talente Gold.)

10. Beim Goldsuchen habt ihr nasse Füße bekommen! Alle Mitspieler müssen sich beim Spielleiter neue Socken anziehen!

11. Nennt den Aufbewahrungsort für das Silber und Gold des Königs Salomo! (1. Könige 7,51)
(1. Könige 7,51b: Und Salomo brachte die heiligen Gaben seines Vaters David hinein. Das Silber und das Gold und die Geräte legte er in die Schatzkammern des Hauses des HERRN.)

12. Jetzt müsst ihr schätzen! Weltweit gab es 1987 ca:
a: 80.000 Tonnen
b: 10.000 Tonnen
c: 60.000 Tonnen Goldreserven auf der Welt.
(c: 60.000 Tonnen)

13. Wo kann kein Dieb einen Schatz rauben? (Lukas 12,33)
(Lukas 12,33: Verkauft eure Habe und gebt Almosen; macht euch Beutel, die nicht veralten, einen unvergänglichen Schatz in den Himmeln, wo kein Dieb sich naht und keine Motte zerstört.)

14. Beim Suchen nach Gold habt ihr euch die Schuhe durchgelaufen! Alle Mitspieler müssen sich beim Spielleiter neue Schuhe anziehen!

15. Was ist besser als ein großer Schatz? (Sprüche 15,16)
(Sprüche 15,16: Besser wenig in der Furcht des HERRN als ein großer Schatz und Unruhe dabei.)

X. Spieleprogramm

16. Welchen Gegenstand gibt es nicht?
a: Blattgold
b: Blattsäge
c: Blattläuse
(b: Blattsäge)

17. Was geschieht mit dem, der auf Reichtum vertraut? (Sprüche 11,28)
(Sprüche 11,28: Wer auf seinen Reichtum vertraut, der wird fallen, aber wie Laub werden die Gerechten sprossen.)

18. Es regnet, aber ihr wollt doch zum Goldsuchen gehen. Alle Mitspieler müssen beim Spielleiter mit Regenjacke und Stiefel (feste Schuhe) erscheinen.

19. Welcher König war größer und reicher als alle anderen Könige. (1. Könige 10,23)
(1. Könige 10,23: So war der König Salomo größer als alle Könige der Erde an Reichtum und an Weisheit.)

20. Es ist in 100 km Entfernung Gold gefunden worden und ihr wollt auch dorthin aufbrechen. Alle Mitspieler müssen mit Koffer oder Reisetasche beim Spielleiter erscheinen.

21. Wo fanden die Brüder Josephs Geld? (1. Mose 42,27)
(1. Mose 42,27: Als nun einer seinen Sack öffnete, um seinem Esel in der Herberge Futter zu geben, da sah er sein Geld, und siehe, es war oben in seinem Sack.)

22. Ihr müsst noch euer Essen über einem offenem Feuer kochen. Daher muss jeder mit einem Stück Brennholz beim Spielleiter erscheinen.

23. Was bekam Joseph um seinen Hals gelegt? (1. Mose 41,42)
(1. Mose 41,42: Und der Pharao nahm seinen Siegelring von seiner Hand und steckte ihn an Josephs Hand, und er kleidete ihn in Kleider aus Byssus und legte die goldene Kette um seinen Hals.)

24. Es wird dunkel und ihr wollt noch weiter Gold suchen, besorgt euch daher drei Taschenlampen und zeigt sie dem Spielleiter.

25. Aus welchem Material waren die Dochtscheren? (2. Mose 25,38)
(2. Mose 25,38: Auch ihre Dochtscheren und Feuerbecken sollst du aus reinem Gold herstellen.)

26. Nennt beim Spielleiter je zwei Vornamen, die mit den Buchstaben des Wortes G O L D beginnen!

X. Spieleprogramm

(Beispiel: Gerd/Gertraud; Otto/Oskar; Luise/Lydia; Dirk/Diana)

27. Welche goldenen Gegenstände waren am Saum des Oberkleides des Priesters befestigt? (2. Mose 28,34)
(2. Mose 28,34: ... erst ein goldenes Glöckchen, dann einen Granatapfel und wieder ein goldenes Glöckchen und einen Granatapfel ringsum an dem Saum des Oberkleides.)

28. Wenn ihr aus dem Wort G O L D jeweils einen Buchstaben streicht, erhaltet ihr zwei englische Wörter. Nennt die Wörter und die Übersetzung ins Deutsche.
G O~~L~~D = Gott / ~~G~~O L D = alt

29. Was ist besser, als Silber und Gold zu erwerben? (Sprüche 3,13.14)
(Sprüche 3,13: Glücklich der Mensch, der Weisheit gefunden hat, der Mensch, der Verständnis erlangt! Denn ihr Erwerb ist besser als Silber und wertvoller als Gold ihr Gewinn.)

30. Einer der größten Goldfunde war:
a: 237 kg
b: 150 kg
c: 470 kg schwer
(a: 237 kg)

31. Nennt die Übersetzung des Wortes Gold ins Englische.
(gold)

32. Was ist ein "Goldschnitt"?
a: Ein Schnitt genau an der richtigen Stelle
b: Ein Schnitt mit einem vergoldetem Messer
c: Goldene Verzierung eines Buches als Staubschutz.
(Antwort c)

33. Nenne drei Tiere, die den Namen Gold enthalten!
(Goldamsel, Goldbarsch, Goldbutt, Goldfasan, Goldfisch, Goldhamster, Goldhasen, Goldhennen, Goldkäfer, Goldregenpfeifer, Goldwespen ...)

34. Womit wurde die Stadt in Offenbarung 21,15 gemessen?
(Offenbarung 21,15: Und der mit mir redete, hatte ein Maß, ein goldenes Rohr, um die Stadt und ihre Tore und ihre Mauer zu messen.)

35. Nenne zwei Pflanzen, die den Namen Gold enthalten.
(Goldalgen, Golddistel, Goldfarn, Goldglöckchen, Goldhafer, Goldklee, Goldmohn, Goldprimel, Goldregen, Goldtraube, Goldwurzel; Goldkugelkaktus ...)

X. Spieleprogramm

36. Nenne ein Sprichwort, dass das Wort Gold enthält!
(Beispiel: "Morgenstund hat Gold im Mund"; "Reden ist Silber, Schweigen ist Gold"; "Es ist nicht alles Gold, was glänzt")

37. Nenne die Summe der Zahl, die sich aus der Stellung der Buchstaben im Alphabet ergeben!
G O L D
(G = 7; O = 15; L = 12; D = 4; Summe =38)

38. Ihr habt Gold gefunden und wollt es nicht verraten. Die ganze Gruppe muss zwei Minuten beim Spielleiter schweigen.

39. Wie hoch war die Geldbuße in 2. Chronik 36,3, die dem Land aufgelegt war?
(2. Chronik 36,3: Und der König von Ägypten setzte ihn ab in Jerusalem. Und er legte dem Land eine Geldbuße von hundert Talenten Silber und einem Talent Gold auf.)

40. Wie hoch war der vergoldete Raum in 2. Chronik 3,4? (in Ellen)
(2. Chronik 3,4: Und die Vorhalle, die der Länge nach vor der Breite des Hauses war, war zwanzig Ellen und die Höhe 120. Und er überzog sie innen mit reinem Gold.)

41. Eine Kugel aus Gold, die genau 1 kg wiegt, hat einen Durchmesser von:
a: 36 mm
b: 42 mm
c: 46 mm
(c: 46 mm)

42. Was ist köstlicher als Gold und süßer als Honig? (Psalm 19,9.10)
(Psalm 19,9: Die Furcht des HERRN ist rein und besteht in Ewigkeit. Die Rechtsbestimmungen des HERRN sind Wahrheit, sie sind gerecht allesamt; sie, die köstlicher sind als Gold, ja viel gediegenes Gold, und süßer als Honig und Honigseim.)

43. Ihr versteckt unter einem Fuß einen Goldklumpen. Die ganze Gruppe muss beim Spielleiter zwei Minuten auf einem Bein stehen.

44. Was sollen wir mehr lieben als Gold? (Psalm 119,127)
(Psalm 119,127: Darum liebe ich deine Gebote mehr als Gold und Feingold.)

45. Wie viele Blätter vom dünnsten Blattgold muss man aufeinander legen, um eine Dicke von 1 mm zu bekommen?

X. Spieleprogramm

a: 500
b: 1.200
c: 7.000
(c: 7000)

46. Was ist in Sprüche 16,16 besser als Gold?
(Sprüche 16,16: Weisheit erwerben - wie viel besser ist es als Gold! Und Verständnis erwerben ist vorzüglicher als Silber!)

47. Welchen Beruf gibt es nicht?
a: Goldträger
b: Goldschläger
c: Goldschmied
(a: Goldträger)

48. Aus welchen Materialien war das Bild, das der König in Daniel 2,32-33 sah? Nennt drei Materialien!
(Dan 2,32: Dieses Bild, sein Haupt war aus feinem Gold, seine Brust und seine Arme aus Silber, sein Bauch und seine Lenden aus Bronze, seine Schenkel aus Eisen, seine Füße teils aus Eisen und teils aus Ton.)

49. Ihr wollt euer Gold vorzeigen. Besorgt einen Gegenstand, der wie Gold aussieht, und zeigt ihn dem Spielleiter!

50. Wie viel Gold (Schekel) wurden in 4. Mose 31,52 zusammengelegt?
(4. Mose 31,52: Und alles Gold der Opfergabe, das sie für den HERRN abhoben, war 16 750 Schekel von den Obersten über die Tausendschaften und von den Obersten über die Hundertschaften.)

51. Nennt zwei Begriffe mit Gold, die in der Umgangssprache manchmal gebraucht werden.
(Beispiele: Goldgrube, Goldstück, Goldesel, Goldbarren, Goldtaler ...)

52. Mit welchem Transportmittel wurde das Gold in 2. Chronik 8,18 zu Salomo gebracht?
(2. Chronik 8,18: Und Hiram schickte ihm durch seine Knechte Schiffe und seekundige Knechte. Und sie gelangten mit den Knechten Salomos nach Ofir und holten von dort 450 Talente Gold und brachten es zum König Salomo.)

53. Die GOLDEN-GATE-BRIDGE ist:
a: 1,85 km
b: 2,15 km
c: 2,32 km lang
(b: 2,15 km)

X. Spieleprogramm

54. Wie viel Kleinschilde überzog Salomo mit Gold in 2. Chronik.9,16?
(2. Chronik 9,16: ... und dreihundert Kleinschilde aus legiertem Gold - mit dreihundert Schekel Gold überzog er jeden Kleinschild. Und der König gab sie in das Libanonwaldhaus.)

55. Die Deutschlandflagge hat die Farben:
a: Schwarz - Rot - Gelb
b: Schwarz - Rot - Gold
c: Schwarz - Rot - Zitronengelb
(b: Schwarz - Rot - Gold)

56. Welche vergoldeten Waffen findet ihr in 1. Könige 10,16?
(1. Könige 10,16: Und der König Salomo machte zweihundert Langschilde aus legiertem Gold - mit sechshundert Schekel Gold überzog er jeden Langschild.)

57. Ihr habt eine Schatzkiste mit 1-Pfennigstücken gefunden. 1 Pfennig wiegt 2,02g. Wenn 1 Person 20 kg tragen kann - wie viel DM nimmt er dann mit?
a: 9,90 DM
b: 20,20 DM
c: 99,01 DM
d: 40,40 DM
(c: 99,01 DM)

58. Welche Dinge besaß Petrus in Apostelgeschichte 3,6 nicht?
(Apostelgeschichte 3,6: Petrus aber sprach: Silber und Gold besitze ich nicht; was ich aber habe, das gebe ich dir: Im Namen Jesu Christi, des Nazoräers: Geh umher!)

59. Nennt die Edelmetalle, aus denen die Olympischen Medaillen sind!
(Gold, Silber und Bronze)

60. Welche Waren neben Gold können in Offenbarung 18,12.13 nicht verkauft werden? Nennt 3 Waren!
(Offenbarung 18,12.13: Ware von Gold und Silber und Edelgestein und Perlen und feiner Leinwand und Purpur und Seide und Scharlachstoff und alles Thujaholz und jedes Gerät von Elfenbein und jedes Gerät von kostbarstem Holz und von Erz und Eisen und Marmor und Zimt und Haarbalsam und Räucherwerk und Salböl und Weihrauch und Wein und Öl und Feinmehl und Weizen und Rinder und Schafe und von Pferden und von Wagen und von Leibeigenen und Menschenseelen.)

61. Ihr habt eine Schatzkiste mit 1-DM-Stücken gefunden. 1 DM wiegt 5,6 g. Wenn 1 Person 20 kg tragen kann - wie viel DM nimmt er dann mit?

X. Spieleprogramm

a: 1.120 DM
b: 3.571 DM
c: 2.800 DM
d: 17.857 DM
(b: 3.571 DM)

62. Wie schwer war das Gold der 12 Schalen in 4. Mose 7,86? (In Schekel)
(4. Mose 7,86: ... zwölf goldene Schalen voller Räucherwerk, je zehn Schekel eine Schale nach dem Schekelgewicht des Heiligtums: alles Gold der Schalen war 120 Schekel.)

63. Kann Gold rosten?
(nein)

64. Aus welchen Materialien sind die Tore und die Straßen der Stadt in Offenbarung 21,21?
(Offenbarung 21,21: Und die zwölf Tore waren zwölf Perlen, je eines der Tore war aus einer Perle, und die Straße der Stadt reines Gold, wie durchsichtiges Glas.)

65. Ihr habt eine Schatzkiste mit 5-DM-Stücken gefunden. 5 DM wiegen 9,95 g. Wenn 1 Person 20 kg tragen kann - wie viel DM nimmt er dann mit?
a: 20.100 DM
b: 19.900 DM
c: 2.010 DM
d: 10.050 DM
(d: 10.050 DM)

66. Wie hoch und breit war das goldene Bild aus Daniel 3,1?
(Daniel 3,1: Der König Nebukadnezar machte ein Bild aus Gold: seine Höhe betrug sechzig Ellen, seine Breite sechs Ellen.)

67. Könnt ihr gut Längen schätzen? Messt beim Spielleiter 8 m Seil ab!
(Gemessene Länge 7,5 bis 8,5 m)

68. In welchem Vers der Bibel wird zum ersten Mal von Gold geschrieben?
(1. Mose 2,11: Der Name des ersten ist Pischon; der fließt um das ganze Land Hawila, wo das Gold ist.)

69. In welchem Vers der Bibel wird zum letzten Mal von Gold geschrieben?
(Offenbarung 21,21: Und die zwölf Tore waren zwölf Perlen, je eines der Tore war aus einer Perle, und die Straße der Stadt reines Gold, wie durchsichtiges Glas.)

X. Spieleprogramm

70. Ihr bekommt Goldstücke geschenkt. In die erste Hand 1 Stück, in die zweite Hand 2 Stück, in die dritte Hand 4 Stück, in die vierte Hand 8 Stück usw. Wie viele Stücke Gold bekommt ihr in eurer Gruppe?
(2 Personen = 15; 3 Personen = 63; 4 Personen = 255; 5 Personen = 1.023; 6 Personen = 4.095; 7 Personen = 16.383; 8 Personen = 65.525; 9 Personen = 262.143 Goldstücke)

2.5. Claims abstecken
2.5.1. Ziel des Spiels

Ziel des Spiels ist es, ein möglichst großes zusammenhängendes Gebiet auf einer Landkarte als Claim abzustecken. Hierzu werden Felder der Landkarte mit Pappschildern abgedeckt. Diese Pappschilder haben die Form eines "L" und werden folgend "L-Felder" genannt.

Es können auch mehrere Gebiete abgesteckt werden, aber in diesem Fall gibt es nicht die volle Punktzahl.

2.5.2. Vorbereitungen/Spielfelder

- Spielplan: Die Landkarte wird dargestellt durch eine 70 x 100 cm große Tafel (Holzplatte). Die Tafel wird unterteilt in ein quadratisches Raster (Felder 5 x 5 cm) mit zufällig verteilten Farben. Die Farben stellen verschiedene Bodenarten dar, die am Spielende unterschiedlich bewertet werden. Z. B.: gelb = Goldfund: 10 Punkte; braun = Fels: 2 Punkte usw. Jedes Feld hat einen Aufhängestift (Nagel).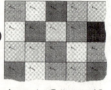

- "L-Felder": Pappschilder in Rastergröße des Spielplans (4 Felder in L-Form angeordnet). Für jede Gruppe werden etwa 15 Stück in der jeweiligen Gruppenfarbe vorbereitet. Jedes Schild hat große Aufhängelöcher.
Wenn das Schild an die "Landkarte" gehängt wird, bleibt die Hintergrundfarbe durch die Aufhängelöcher sichtbar.

- Aufgabenkärtchen: Für jede Gruppe nummerierte Karten (von 1-20).

s. Kapitel XIII
V4-46

- Würfelstation: Hier wird mit Würfel und Spielfigur auf einem "Endlos-Parcours" gewandert. Je nach "erwürfeltem" Feld werden Aufgabenkärtchen verteilt, Ereigniskarten vorgelesen und "L-Felder" für Joker bzw. Lösungen verteilt.

- Aufgabenstationen: Fragen auf Plakaten und Geschicklichkeitsaufgaben werden durchnummeriert und auf dem Spielgebiet verteilt.

2.5.3. Spielbeginn

Es werden 4 Gruppen gebildet. Jede Gruppe setzt ihre Spielfigur auf ein beliebiges Feld auf dem Parcours. Die Gruppen würfeln nacheinander. Die eigene Figur wird entsprechend der Augenzahl weitergerückt. Die Gruppe kann jetzt auf einem der folgenden Felder landen:
- Aufgabenfeld

X. Spieleprogramm

- Ereignisfeld
- Jokerfeld
- Verlustfeld

2.5.4. Spielverlauf
Bei einem **Aufgabenfeld** wird vom Stapel mit den Aufgabenkärtchen die oberste an die Gruppe gegeben. Die Gruppe sucht jetzt diese Aufgabennummer und versucht die Aufgabe zu lösen. Das Ergebnis wird auf der Karte eingetragen und zur Würfelstation gebracht. Stimmt die Lösung nicht, kann entweder ein neuer Lösungsversuch gestartet werden oder es wird weitergewürfelt. Bei richtiger Lösung erhält die Gruppe ein "L-Feld" in ihrer Gruppenfarbe.

Aufgaben s. 2.5.5.

Bei einem **Ereignisfeld** wird eine Ereigniskarte vorgelesen. Durch diese Karten kann der Spielverlauf erheblich beeinflusst werden. Hier einige Beispiele für Ereigniskarten (weitere selber überlegen):
   - Gebt ein "L-Feld" ab!
   - Gebt ein "L-Feld" an eine andere (beliebige) Gruppe ab!
   - Ihr bekommt ein "L-Feld" gratis!
   - Ihr bekommt ein "L-Feld" von einer Gruppe eurer Wahl - diese muss es vom Spielfeld entfernen!
   - ...

Wurde ein **Joker** "erwürfelt", gibt's ein "L-Feld" gratis.

Im Falle eines **Verlustfeldes** muss ein beliebiges (eigenes) "L-Feld" wieder vom Spielplan entfernt und zurückgegeben werden. (Das entfällt, wenn noch keines angebracht wurde.)

Die erworbenen "L-Felder" müssen nun möglichst effektiv auf dem Spielplan befestigt werden.

2.5.5. Aufgabenkärtchen
Diese Aufgaben sind noch auf Kärtchen zu schreiben:
1. Besorgt 5 armlange Stöcke!
2. Steht alle eine Minute auf einem Bein!
3. Besorgt 5 verschiedene Blätter von Bäumen/Sträuchern!
4. Macht alle 10 Kniebeugen!
5. Besorgt 5 kleine Steine!
6. Rennt alle einmal ums Haus!
7. Besorgt 5 Zahnbürsten!
8. Brüllt alle 20 Sekunden aus Leibeskräften!
9. Besorgt 10 Paar Socken!
10. Immer zwei von euch machen gemeinsam einen Handstand!
11. Besorgt 3 Armbanduhren!
12. Hüpft durch den Raum von einem Ende zum anderen: immer auf zwei Beinen!
13. Besorgt 10 Stifte!
14. Immer zu zweit fahrt Schubkarre durch den gesamten Raum!

X. Spieleprogramm

15. Besorgt 3 Kämme!
16. Alle ziehen die Schuhe aus und an: Aufknoten, ausziehen, anziehen, zuknoten!
17. Besorgt 4 Bibeln!
18. Alle ziehen Schuhe und Socken aus und wieder an (erst, wenn der Letzte ausgezogen hatte)!
19. Besorgt 5 Paar saubere Socken!
20. Alle erscheinen im Schlafanzug und gehen sich dann wieder umziehen!

2.5.6. Hinweis
Es sollte auf Farben und Anbaumöglichkeiten geachtet werden. Am günstigsten ist es, am Spielende ein zusammenhängendes Feld zu haben, weil jede Lücke zwischen einzelnen Claims mit Minuspunkten bestraft wird (dabei spielt die Größe der Lücke keine Rolle, nur die Anzahl der Claims). Hierbei gilt, dass zwei Felder sich mindestens mit einer Kante berühren müssen, eine Ecke als Berührungspunkt reicht nicht aus.

Wenn eine Gruppe ein "L-Feld" angebracht bzw. zurückgegeben hat, wird erneut gewürfelt.

2.5.7. Spielende
Es wird nicht mehr gewürfelt, wenn keine "L-Felder" mehr auf dem Spielplan verteilt werden können (bzw. wenn der Spielleiter das Spiel abbricht).

2.5.8. Wertung
Die von den "L-Feldern" bedeckten Untergrundfarben werden entsprechend ihrem Zahlenwert ausgewertet. Der Zahlenwert ergibt sich aus der Farbe des Feldes, das von dem "L-Feld" bedeckt wird. Dabei bedeuten:

gelb	Goldfund	10 Punkte
rot	Lehmboden	8 Punkte
grün	Wiese	5 Punkte
blau	Bach	3 Punkte
braun	Fels	2 Punkte

So kann die Gesamtsumme der einzelnen Gruppen (Farben) ermittelt werden. Von dieser Summe wird noch eine entsprechende Punktzahl für Lücken im Gebiet abgezogen. Sieger ist das Team mit den meisten Punkten.

2.6. Wie Goldgräber knobeln
Ein Spiel, das auch einmal schnell zwischendurch gespielt werden kann, ist dieses Knobelspiel.

2.6.1. Story
Im Wilden Westen, in einem jener Goldgräberstädte, sitzen einige Digger

X. Spieleprogramm

im Saloon. Es sind keine armen Kerle, sondern alle haben sie eine stattliche Anzahl Nuggets gefunden. Die Stimmung steigt - beim Spielen kommen sie so richtig in Schwung. Plötzlich werden sie leichtsinnig und spielen um ihre kleinen Goldklumpen.

2.6.2. Spielregeln
2 Spieler sitzen sich gegenüber. Jeder hat vor sich auf dem Stuhl seinen Lagerplatz mit 3 kleinen Nuggets (gespritzte Steine, Goldfolie o. ä.). Nun greift der erste Spieler zu seinem Lager und nimmt in jede Hand einen, zwei, drei oder keinen Nugget. Dann legt er beide geschlossenen Fäuste auf den Tisch. Sein Gegenüber rät: "rechte Hand" bzw. "linke Seite" und fügt hinzu "leer" oder "eins" bzw. "zwei" oder "drei". Hat er richtig geraten, bekommt er jeweils einen Goldklumpen. Nun ist der andere Goldgräber an der Reihe. Wer hat am Ende die meisten Nuggets erbeutet?

XI. Sonstige Programmelemente

XI. Sonstige Programmelemente

Das Programm des Goldgräberlagers sollte durch einige (wenige) Programmpunkte ergänzt werden, die einen besonderen Reiz darstellen, gewissermaßen kleine "Freizeithöhepunkte". Die hier vorgestellten Programmpunkte können solche Höhepunkte sein.

1. Goldgräberfest

Ein Fest sollte zu jeder Freizeit gehören, denn es schafft Atmosphäre und Stimmung. Dabei kommt es bei einem Fest weniger auf Punkte und Gewinne an, sondern mehr auf das fröhliche und gemütliche Zusammensein.

Das Goldgräberfest kann durchaus am letzten Freizeitabend einen abschließenden Höhepunkt bilden und evtl. mit einer Preisverleihung für die während der Freizeit gesammelten Punkte gekrönt werden.

1.1. Organisation

Raum herrichten

Natürlich wird der Raum "echt wildwestmäßig" hergerichtet. Tischgruppen, Kerzen, Petroleumlampen etc. schaffen eine gemütliche Saloon-Atmosphäre, Girlanden aus Krepppapier dienen als Schmuck, Klaviermusik spielt im Hintergrund (Saloonmusik). Ein Sheriff führt durchs Programm.

Musik

1.2. Ablauf

Einstieg mit "Modenschau"

Das Fest könnte mit einer Western-Modenschau begonnen werden, auf der einige Goldgräber, Cowboys und Farmer (mit ihren Frauen) ihre Kleidung vorstellen, die ja vielleicht auch während der Freizeit weiter verziert wurden. Auch evtl. gefertigter Schmuck sollte hier zur Geltung kommen.

Speisen vorkosten

Danach wird ein kleines Spiel gespielt: Aus jeder Gruppe testet ein Vorkoster die Speisen des Abends. Mit verbundenen Augen muss er schmecken und erraten, was da aus der Saloonküche geboten wird (s. 1.3. "Speiseplan").

Anschließend werden die Speisen des Abends in verschiedenen Gängen aufgetragen und gemeinsam gegessen

Spieleteil
Siegerehrung

Es folgen der Spieleteil und anschließend evtl. die Preisverleihung (Urkunden etc.) der Freizeit.

1.3. Speiseplan

Die Speisen werden in mehreren Gängen aufgetragen. Dabei kann man überlegen, ob das Essen als Ersatz einer sonstigen Mahlzeit gelten soll oder lediglich als Kleinigkeit zusätzlich gedacht ist. Mögliche Speisen und Getränke wären:
- "Bohnen mit Speck" (das typische "Wildwest-Menü")
- Fladenbrot (evtl. mit Kräuterbutter)
- Fleischgerichte (z. B. Rindfleisch aus der eigenen Herde ...)

XI. Sonstige Programmelemente

- etwas Obst zum Nachtisch (Obst war sehr selten und teuer)
- als Getränk wird "Bier" (Apfelsaft, Zitronentee o. ä.) getrunken
- möchte man ein richtiges Abendessen durchführen, wäre bspw. auch ein gegrilltes kleines Spanferkel o. ä. denkbar.

1.4. Spieleteil
Der Spieleteil kann beliebig ergänzt werden - hier seien einige Anregungen gegeben.

1.4.1. Kräfte messen
Je zwei Goldgräber machen Fingerhakeln (oder Armdrücken) über einen Tisch gegeneinander. Aus den Gruppen wird ein Gesamtsieger ermittelt.

1.4.2. Knobelspiel
Ein echtes Goldgräberknobelspiel wird unter 2.6. auf Seite 110 vorgestellt. Dieses Spiel kann gut am Festabend gespielt werden.   s. Kapitel X.

1.4.3. Squaredance
Gemeinsam wird eine Squaredance-Passage eingeübt. Erforderlich ist die entsprechende Musik auf Tonträger (oder können einige Mitarbeiter vielleicht Geige spielen und geben Livemusik dazu?).

1.4.4. Whisky trinken
Je Gruppe ein Mitspieler. Wer trinkt zuerst eine 0,5 Liter-Flasche mit "Whisky" (Saft) leer? Natürlich mit einem Strohhalm ...
- Saft
- Strohhalm

1.4.5. Zeitungsartikel singen
Zu jedem Fest gehört Musik - je ein Jungscharler aus jeder Gruppe spielt den Sänger. Ein Zeitungsartikel (kurz) muss auf eine bekannte Melodie (z. B. Die Affen rasen durch den Wald o. ä.) gesungen werden. Wer macht es am schönsten? Lustig wäre ein eigens zur Freizeit verfasster Artikel, in dem noch einmal die Mitarbeiter oder einige Teilnehmer vorkommen und ein kurzer Rückblick auf besondere Taten, Aktionen etc. gegeben wird.
- Zeitungsartikel

1.4.5. "Halt die Luft an!"
Eine Strafe im Wilden Westen war es, jemanden lange Zeit mit dem Kopf unter Wasser zu halten (z. B. in der Pferdetränke vor dem Saloon). Bei uns ist es jedoch ein Wettbewerb: Aus jeder Gruppe zeigen einige Goldgräber, wer am längsten in einer Schüssel "tauchen" kann (d. h. den Kopf unter Wasser hält)
- Schüssel mit Wasser
- Stoppuhr

2. Jahrmarkt/Viehmarkt
Ein Höhepunkt ist mit Sicherheit ein Nachmittag, zu dem die Eltern eingeladen werden. Wir veranstalten einen echten Wildwest-Jahrmarkt, auf dem Kunststücke aufgeführt, Sachen verkauft und Mahlzeiten angeboten

XI. Sonstige Programmelemente

werden.

 Eine entsprechende Kulisse macht den Jahrmarkt noch "echter" - aus ein paar Brettern werden einige Buden gezimmert, hier und da stehen Bänke und laden zum Verweilen ein.

 An einem Stand kann eine "Schießbude" sein (z. B. Luftgewehr), an dem man seine Schusskünste testen kann.

s. Seite 75

 Ein Rodeostand fordert heraus, seine Reitkünste zu beweisen.

 Frisch gebackene Waffeln (o. ä.) werden angeboten, dazu Kaffee (stilecht aus emaillierten Tassen)

 Verkauft werden während der Freizeit gebastelte Gegenstände. Der Erlös könnte einem guten Zweck zukommen.

s. Kapitel XII

 Dann bieten wir noch Essen und Getränke an: Typische Wildwest-Gerichte passen am besten zu unserem Jahrmarkt. Rezepte und Anregungen hierzu sind im Buch gegeben und können aus der angegebenen Literatur entnommen werden.

3. Film "Wolfsblut" (von Walt-Disney)

- Film
- Videogerät
- Monitor

Vorher testen!
s. Kapitel XII

s. Kapitel IV
Punkt 8

Obgleich man sicher geteilter Meinung darüber sein kann, ob ein Film unbedingt Bestandteil einer Jungscharfreizeit sein muss (es geht sicher auch ohne!), so ist ein Abenteuerfilm doch immer wieder ein "Renner". Diverse Filme sind in jeder Videothek ausleihbar (vorher ansehen und beurteilen!). "Wolfsblut" passt gut zum Thema. Es handelt sich um einen Jungen, der das Erbe seines Vaters in Alaska in Anspruch nehmen möchte (eine alte Hütte und ein Claim). Er erlebt viele Abenteuer, muss über den Chilkoot-Pass etc. Er lernt einen Mischlingshund kennen (Mischung zwischen Husky und Wolf), der sein bester Freund wird. Eine abenteuerliche Geschichte beginnt, bei der auch ein großer Goldfund gemacht wird ...

 Denkbar sind auch Sachfilme, die vielleicht zum Thema etwas bieten können.

4. Ausflug

Ein interessantes Ausflugsziel ist mit Sicherheit - da, wo es sich geographisch anbietet - ein Bergwerksbesuch. In Deutschland gibt es zahlreiche Besucherbergwerke, wo in eindrucksvoller Weise die harte Arbeit und die Technik des Erz- und Mineralabbaus gezeigt wird. Hier und da sind auch alte Silberbergwerke zu besichtigen.

XII. Literatur und Medien

1. Literaturhinweise
Der Buchmarkt bietet eine Fülle an Informationen über den Wilden Westen - das Thema "Goldsuche" jedoch wird in der deutschsprachigen Literatur nur recht spärlich behandelt (der angloamerikanische Raum bietet hier wesentlich mehr). Material sollte in jedem Fall gesucht werden, da es doch immer wieder viele Sachinformationen bietet. Der Mitarbeiter sollte sich hier selber informieren und das für ihn am besten geeignete Informationsmaterial sichten. Eine ausführliche Kenntnis über Sitten, Gebräuche, Geographie etc. der damaligen Zeit ist für die Durchführung eines Goldgräberlagers, wie es hier vorgestellt wurde, unerlässlich.

Übrigens: Bevor man sich für viel Geld Bücher kauft, sollte man eher einmal eine Bibliothek aufsuchen. Dort kann man reiche Ausbeute an guten Büchern zum Thema finden!

> Bibliotheken aufsuchen!

1.1. Literatur zu den Goldgräbern und dem Wilden Westen
- Berton, Pierre: Abenteuer Alaska. Die große Jagd nach Gold und Glück. München 1960.
- Coll, Pieter: Gold - Fluch oder Segen. Arena-Verlag, Würzburg 1969.
- Finzsch, Norbert: Die Goldgräber Kaliforniens. Verlag Vandenhoeck & Ruprecht, Göttingen 1982.
- Hagen, Christopher S.: Der Goldrausch. Deutsche Verlags-Anstalt, Stuttgart 1975. — *sehr empfehlenswert*
- Hunt, William, R.: Klondike. Die wilden Jahre in Alaska. Düsseldorf, Wien 1977.
- le Bris, Michel: Goldrausch. Ravensburger Buchverlag Otto Maier GmbH, Ravensburg 1990. (Reihe "Abenteuer Geschichte", Band 12) — *sehr empfehlenswert*
- London, Jack: Die Goldgräber am Yukon und andere Geschichten. Rastatt 1983. — *bekannte Romane, die einen guten Einblick verschaffen*
- London, Jack: Lockruf des Goldes. München 1973.
- London, Jack: Goldsucher. Ravensburg 1981.
- Marnéjol, F. u. a.: Zur Zeit des Wilden Westens. Union-Verlag. (Reihe: Kinder in der Geschichte)
- o. V.: Cowboys. Gerstenberg-Verlag, Hildesheim 1994. (Reihe: sehen, staunen, wissen)
- o. V.: Der Kampf um den Wilden Westen. Tessloff-Verlag, Nürnberg 1979. (aus der Reihe "Was ist was")
- o. V.: Der Goldrausch. Time-Life-Reihe.
- Rieupeyrout, Jean-Louis: So lebten sie zur Zeit des Wilden Westens. Tessloff-Verlag, Nürnberg 1980.
- 'Voll-TREFFER' - die pfiffige Zeitschrift für Jungen und Mädchen. Heft 2/97. Christliche Verlagsgesellschaft, Dillenburg. (Thema Gold)

XII. Literatur und Medien

gute Fortsetzungsgeschichte

1.2. Sonstige Literatur
- Thoene, Brock & Bodie: Im Rausch des Goldes. Verlag der Francke-Buchhandlung GmbH, Marburg 1993.

2. Medientipps
Ähnlich wie im Literaturbereich, finden sich recht wenig Angebote an Medien zum Thema Goldgräber. Die hier angegebenen Filme und Diaserien werden nicht unbedingt in jeder örtlichen Bildstelle angeboten. Allerdings werden viele Medien vom Bundesbildungsministerium herausgegeben - diese sind bundesweit ausleihbar. Der Mitarbeiter sollte sich zunächst über das örtliche Angebot informieren und dann die entsprechenden Medien ausleihen.

Kreis- oder Stadtbildstelle aufsuchen

Über die Adressen von Kreis- und Stadtbildstellen geben in der Regel die städtischen Ämter Auskunft. Zur Ausleihe berechtigt sind Schulen, Kindergärten und andere Bildungseinrichtungen sowie gemeinnützig anerkannte Vereine.

Rechtzeitig reservieren!

Wichtig: Es empfiehlt sich, die Medien lange im Voraus reservieren zu lassen (ein Freizeittermin ist ja frühzeitig bekannt), damit nicht etwas eingeplant wird, was nachher vergriffen ist. Auch das technische Gerät sollte vorgemerkt werden (z. B. 16 mm-Filmprojektor), falls es nicht am Freizeitort vorhanden ist.

Filme:
- Die USA auf dem Wege zur Weltmacht I. Das 19. Jahrhundert. (sw, 23 Min. 1963)
- London, Jack: Wolfsblut (verfilmt als Spielfilm von Walt-Disney).

Dias:
- Mensch und Raum. Die Erschließung der USA - der Zug nach dem "goldenen Westen". (Farbe, 12 Dias)

XIII. Bilder und Kopiervorlagen

Die auf den folgenden Seiten abgebildeten Vorlagen sind *für die eigene Gruppe/Freizeit* frei kopierbar. Vom Kopieren der Vorlagen über die eigene Gruppenstärke hinaus bitten wir abzusehen.

Die Illustrationen zu den Bibelarbeitslektionen, die als Erzählhilfe und/oder Einstiegsmöglichkeit genutzt werden können, dürfen *nur im Rahmen dieser Bibelarbeitsreihe und für die eigene Gruppe* - z. B. auf Folie kopiert - eingesetzt werden.

Copyright der Abbildungen im Anhang

Das Bildmaterial kann für das Lager auf vielfache Weise Verwendung finden: als Dekorationsvorlage, zur Illustration verschiedenster Themen, für die Gestaltung von Rundbriefen, Spielvorlagen usw.

Verwendung

Wenn ganzseitige Vorlagen auf DIN A4 vergrößert werden sollen, muss auf 140 % hochkopiert werden. Copyshops bieten diesen Vergrößerungsservice in der Regel an.

Vergrößerung auf DIN A4

Die Arbeitsblätter zu den 10 Bibelarbeitslektionen befinden sich am Schluss des Buches. Es empfiehlt sich, jedem Jungscharler einen Schnellhefter oder ein Ringbuch zu geben, in den dann die Arbeitsblätter nach und nach eingeheftet werden. Diese Mappe kann selbstverständlich durch zusätzliche Blätter mit Freizeitinformationen und/oder weiteren Ergänzungen zum Thema erweitert werden.

Tipps zu den Arbeitsblättern für die Bibelarbeit

Arbeitsmappe anlegen

Inhalt des Anhangs:

Allgemeine Abbildungen 118
Vorlagen V4-1 bis V4-46 153
Lieder zum Goldgräberlager 219
Zusatzblätter zur Freizeitmappe 221
Arbeitsblätter der Bibelarbeitslektionen 224

XIV. Fotobericht aus einem Goldgräberlager 269

XIII. Bilder und Kopiervorlagen: Allgemeine Abbildungen (Freizeitlogo)

XIII. Bilder und Kopiervorlagen: Allgemeine Abbildungen (Rahmen)

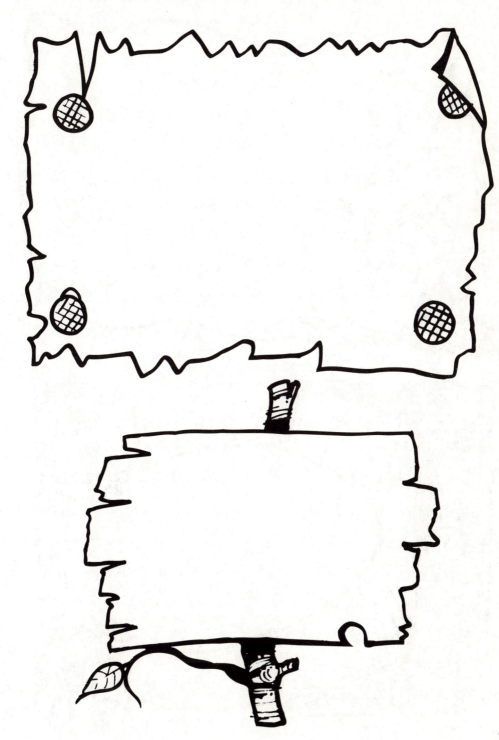

XIII. Bilder und Kopiervorlagen: Allgemeine Abbildungen (Rahmen)

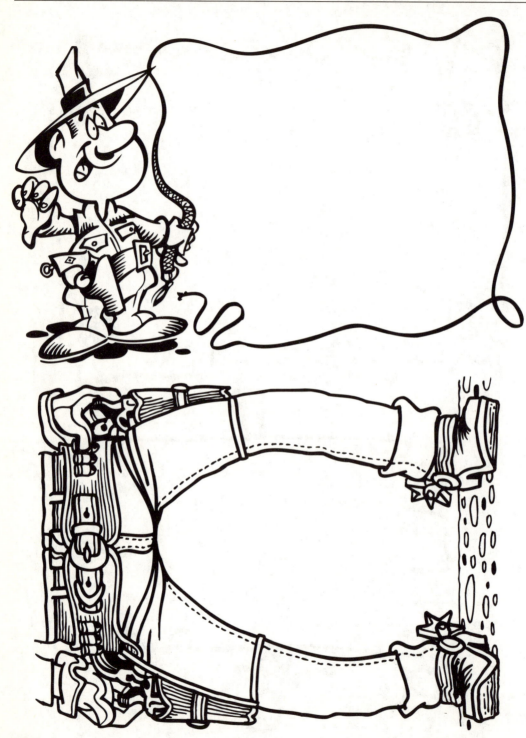

XIII. Bilder und Kopiervorlagen: Allgemeine Abbildungen (Rahmen)

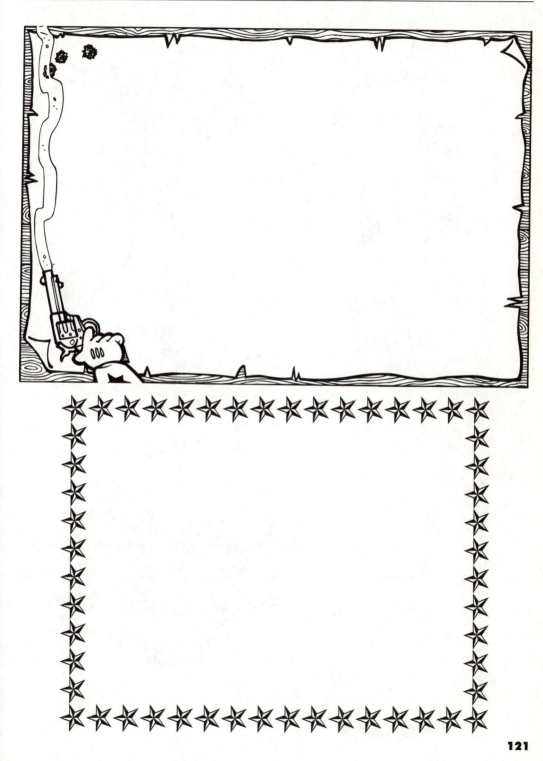

XIII. Bilder und Kopiervorlagen: Allgemeine Abbildungen (Gold & Geld)

XIII. Bilder und Kopiervorlagen: Allgemeine Abbildungen (Gold & Geld)

XIII. Bilder und Kopiervorlagen: Allgemeine Abbildungen (Gold & Geld)

XIII. Bilder und Kopiervorlagen: Allgemeine Abbildungen (Goldgräber)

XIII. Bilder und Kopiervorlagen: Allgemeine Abbildungen (Männer)

General Custer Buffalo Bill

XIII. Bilder und Kopiervorlagen: Allgemeine Abbildungen (Reiter)

XIII. Bilder und Kopiervorlagen: Allgemeine Abbildungen (Sheriff)

XIII. Bilder und Kopiervorlagen: Allgemeine Abbildungen (Desperados)

Billy the Kid

XIII. Bilder und Kopiervorlagen: Allgemeine Abbildungen (Waffen)

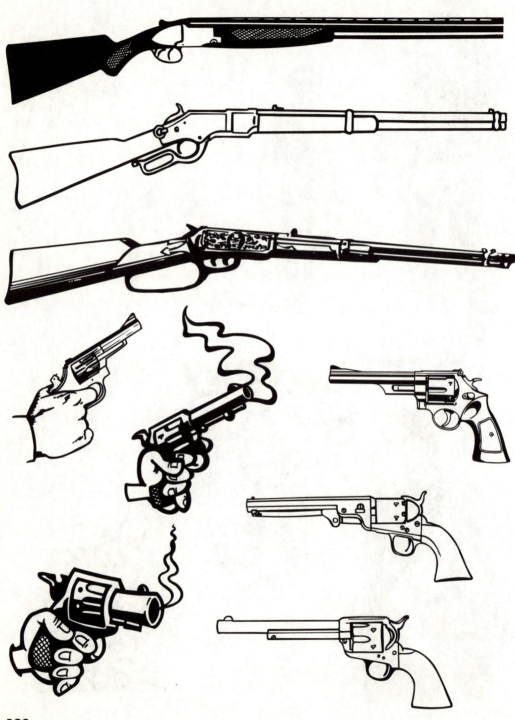

XIII. Bilder und Kopiervorlagen: Allgemeine Abbildungen (Saloon)

XIII. Bilder und Kopiervorlagen: Allgemeine Abbildungen (Mode)

XIII. Bilder und Kopiervorlagen: Allgemeine Abbildungen (Jobs)

XIII. Bilder und Kopiervorlagen: Allgemeine Abbildungen (Eisenbahn)

XIII. Bilder und Kopiervorlagen: Allgemeine Abbildungen (Schiffe)

XIII. Bilder und Kopiervorlagen: Allgemeine Abbildungen (Landwirtschaft)

XIII. Bilder und Kopiervorlagen: Allgemeine Abbildungen (wilde Tiere)

XIII. Bilder und Kopiervorlagen: Allgemeine Abbildungen (Adler)

XIII. Bilder und Kopiervorlagen: Allgemeine Abbildungen (Pferde)

XIII. Bilder und Kopiervorlagen: Allgemeine Abbildungen (Kutschen)

XIII. Bilder und Kopiervorlagen: Allgemeine Abbildungen (Gebäude)

XIII. Bilder und Kopiervorlagen: Allgemeine Abbildungen (Haushalt)

XIII. Bilder und Kopiervorlagen: Allgemeine Abbildungen (Gegenstände)

XIII. Bilder und Kopiervorlagen: Allgemeine Abbildungen (Wüste)

XIII. Bilder und Kopiervorlagen: Allgemeine Abbildungen (Nordamerika)

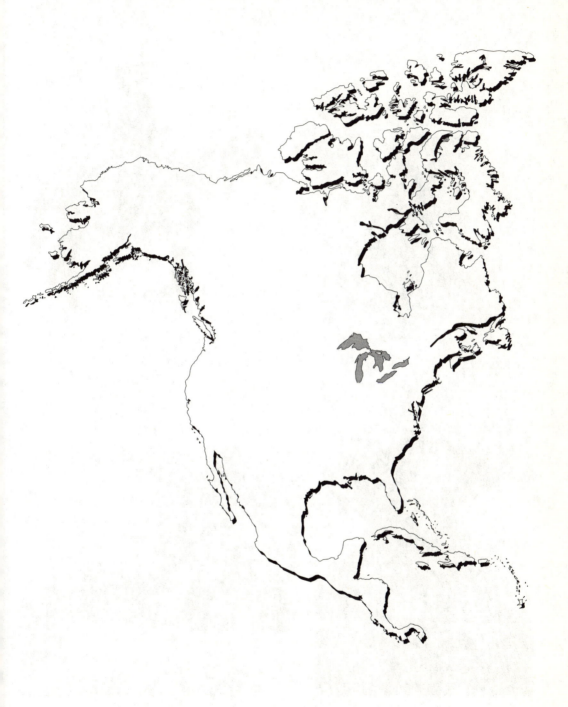

XIII. Bilder und Kopiervorlagen: Allgemeine Abbildungen (Historie)

XIII. Bilder und Kopiervorlagen: Allgemeine Abbildungen (Historie)

XIII. Bilder und Kopiervorlagen: Allgemeine Abbildungen (Historie)

XIII. Bilder und Kopiervorlagen: Allgemeine Abbildungen (Historie)

XIII. Bilder und Kopiervorlagen: Allgemeine Abbildungen (Historie)

XIII. Bilder und Kopiervorlagen: Allgemeine Abbildungen (Historie)

Am Chilkoot-Pass (Das schwarze Band links oben besteht aus hunderten von Goldsuchern, die den Pass überqueren wollen.)

XIII. Bilder und Kopiervorlagen: Allgemeine Abbildungen (Schriftmuster)

ABCDEFG
HIJKLMN
OPQRSTU
VWXYZ123
4567890!?
&()=$abcd
efghijklm
nopqrstuv
wxyz+*-""

XIII. Bilder und Kopiervorlagen: V4-1 / V4-2

XIII. Bilder und Kopiervorlagen: V4-3

XIII. Bilder und Kopiervorlagen: V4-3

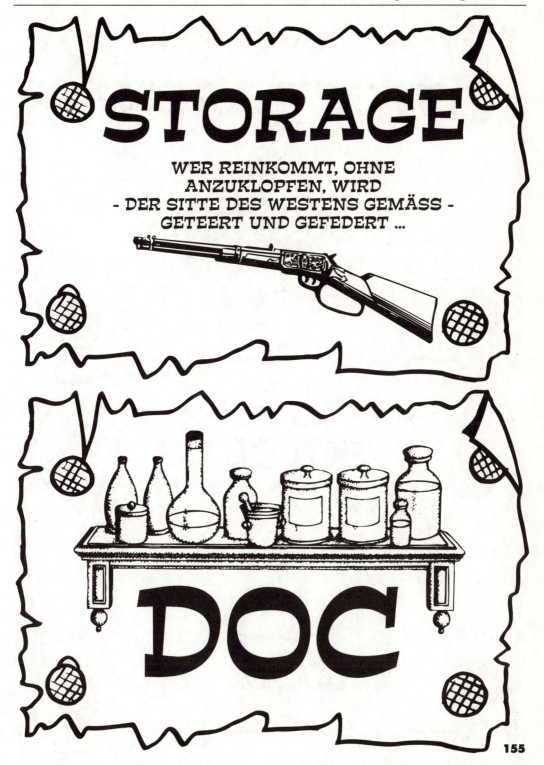

XIII. Bilder und Kopiervorlagen: V4-3

XIII. Bilder und Kopiervorlagen: V4-3

XIII. Bilder und Kopiervorlagen: V4-4

XIII. Bilder und Kopiervorlagen: V4-5

Näh dir deine Goldgräberweste!

Material:
für Größe M (146-152)
- 0,60 m Stoff (1,40 m breit)
- 3,20 m Schrägband
- 0,50 m Fransenborte
- Nähgarn

Und so wird's gemacht:

1. Zuschneiden:
Schnittteile laut Raster aus Zeitungspapier anfertigen.
Die Schnittteile auf den Stoff legen.
Das Rückenteil 1x bei einfacher, das Vorderteil 1x bei doppelter Stofflage zuschneiden. Die Teile ohne Nahtzugabe zuschneiden, außer an den Schulter- und Seitenkanten.
Zusätzlich für die Rückenbänder zwei Stoffstreifen von 20 x 8 cm zuschneiden.

2. Nähen:
Schulter und Seitennähte schließen.
Auf die Vorderteile die Fransenborte aufnähen (s. Skizze).
Alle offenen Kanten mit Schrägband einfassen.
Die Rückenbänder einzeln der Länge nach in der Hälfte knicken, die Kanten einschlagen und rundum absteppen. Gemäß Skizze auf das Rückenteil nähen.
Die Bänder vor dem Anprobieren verknoten.

Viel Spaß!

XIII. Bilder und Kopiervorlagen: V4-5

Näh dir einen Westernhut!

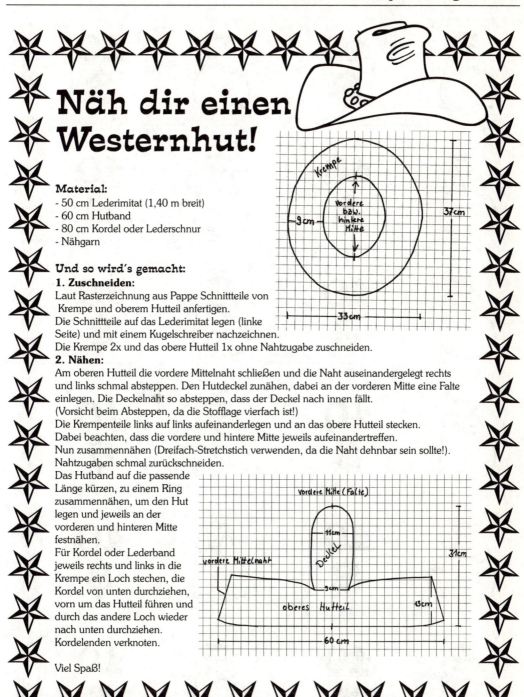

Material:
- 50 cm Lederimitat (1,40 m breit)
- 60 cm Hutband
- 80 cm Kordel oder Lederschnur
- Nähgarn

Und so wird's gemacht:

1. Zuschneiden:
Laut Rasterzeichnung aus Pappe Schnittteile von Krempe und oberem Hutteil anfertigen.
Die Schnittteile auf das Lederimitat legen (linke Seite) und mit einem Kugelschreiber nachzeichnen.
Die Krempe 2x und das obere Hutteil 1x ohne Nahtzugabe zuschneiden.

2. Nähen:
Am oberen Hutteil die vordere Mittelnaht schließen und die Naht auseinandergelegt rechts und links schmal absteppen. Den Hutdeckel zunähen, dabei an der vorderen Mitte eine Falte einlegen. Die Deckelnaht so absteppen, dass der Deckel nach innen fällt.
(Vorsicht beim Absteppen, da die Stofflage vierfach ist!)
Die Krempenteile links auf links aufeinanderlegen und an das obere Hutteil stecken.
Dabei beachten, dass die vordere und hintere Mitte jeweils aufeinandertreffen.
Nun zusammennähen (Dreifach-Stretchstich verwenden, da die Naht dehnbar sein sollte!).
Nahtzugaben schmal zurückschneiden.
Das Hutband auf die passende Länge kürzen, zu einem Ring zusammennähen, um den Hut legen und jeweils an der vorderen und hinteren Mitte festnähen.
Für Kordel oder Lederband jeweils rechts und links in die Krempe ein Loch stechen, die Kordel von unten durchziehen, vorn um das Hutteil führen und durch das andere Loch wieder nach unten durchziehen.
Kordelenden verknoten.

Viel Spaß!

XIII. Bilder und Kopiervorlagen: V4-6

XIII. Bilder und Kopiervorlagen: V4-6

XIII. Bilder und Kopiervorlagen: V4-6

XIII. Bilder und Kopiervorlagen: V4-6

XIII. Bilder und Kopiervorlagen: V4-6

XIII. Bilder und Kopiervorlagen: V4-6

XIII. Bilder und Kopiervorlagen: V4-7

URKUNDE
Goldgräberlager

Hiermit verleihen wir die Schürfrechte an:

_____ Punkte

_____ Platz

Für das Mining-Office:

XIII. Bilder und Kopiervorlagen: V4-8

GUTSCHEIN

Dieser Gutschein ist blanke Nuggets wert! Heb' ihn gut auf!
Wer Gutscheine nachmacht oder nachgemachte in den Umlauf bringt,
auf den warten Knast, Teer und Federn und die Geier.

GUTSCHEIN

Dieser Gutschein ist blanke Nuggets wert! Heb' ihn gut auf!
Wer Gutscheine nachmacht oder nachgemachte in den Umlauf bringt,
auf den warten Knast, Teer und Federn und die Geier.

XIII. Bilder und Kopiervorlagen: V4-9

VIELE GRÜSSE

AUS DEM GOLDGRÄBERLAGER

VIELE GRÜSSE

AUS DEM GOLDGRÄBERLAGER

XIII. Bilder und Kopiervorlagen: V4-9

VIELE GRÜSSE

AUS DEM GOLDGRÄBERLAGER

VIELE GRÜSSE

AUS DEM GOLDGRÄBERLAGER

XIII. Bilder und Kopiervorlagen: V4-9

Absender:
GOLDGRÄBERLAGER

_____
_____
_____
_____

Absender:
GOLDGRÄBERLAGER

_____
_____
_____
_____

172

XIII. Bilder und Kopiervorlagen: V4-9

POSTCARDS

WENN DIE POSTKUTSCHE NICHT ÜBERFALLEN WIRD, GARANTIEREN WIR DIE BEFÖRDERUNG IN ALLE TEILE DER STAATEN INNERHALB VON NUR 3 WOCHEN!

VERSCHIEDENE MOTIVE
STÜCK 40 CENT

XIII. Bilder und Kopiervorlagen: V4-10

GOLD-LAKE-CITY-NEWS

DER GOLDGRÄBER-BOTE

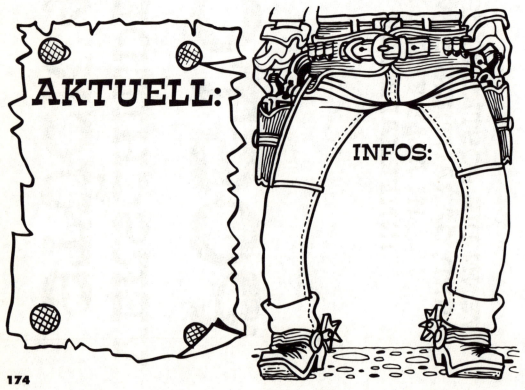

AKTUELL:

INFOS:

XIII. Bilder und Kopiervorlagen: V4-11

EIN LEBEN ALS GOLDGRÄBER

WIE WÄR'S?
- Leben in Wildwest
- Abenteuer der Goldsucher
- geheimnisvolle Erlebnisse
- prima Programm
- und und und ...

DAS WÄR'S?
Wann?
Wo?
Wer?
Was?
Wie viel?

BIST DU DABEI?
Dann schnell anmelden bei:

Alle weiteren Infos folgen dann.

XIII. Bilder und Kopiervorlagen: V4-12

15 goldene Freizeit-Regeln:

1. Beteilige dich an keiner Veranstaltung, denn du bist gekommen, dich bedienen zu lassen.
2. Weise jeden darauf hin, dass es dir woanders besser gefällt. Die anderen werden dir dankbar sein, dass du ihnen die Freizeit madig machst.
3. Ignoriere grundsätzlich Hinweise der Mitarbeiter und der Freizeitleitung, das schafft ein gutes Klima.
4. Benimm dich immer rüpelhaft, man könnte sonst nicht merken, dass du auf einem Goldgräberlager bist.
5. Komm zu jeder Veranstaltung zu spät, so dass dich jeder sieht. Das schafft dir Anerkennung.
6. Schlaf nachts so wenig wie möglich und rede so laut wie möglich, damit es dein Nachbar auch gewiss hört. Er wird dir dankbar dafür sein.
7. Den Abfall und alles, was du nicht mehr gebrauchen kannst, lass liegen, wo du gerade stehst - das tritt sich fest.
8. Rede mit den anderen so wenig wie möglich, denn du kennst sie ja nicht. Es ist gut, wenn du immer schön für dich alleine bleibst.
9. Vermeide keinen Streit und mach kurzen Prozess mit denen, die anderer Meinung sind. Das ist demokratisches Verhalten.
10. Verdächtige gleich andere, wenn dir die Socken fehlen, denn wie kannst du wissen, dass sie irgendwo unter deinem Bett liegen.
11. Wasch dich nie (vor allem die Füße nicht!), denn so kannst du dir Freund und Feind vom Leib halten und wirst nicht gestört.
12. Wenn das Essen auf dem Tisch steht, dann fall darüber her, denn du hast sicherlich mehr Hunger als die anderen.
13. Übersieh grundsätzlich jede Arbeit, die für die Gemeinschaft getan werden muss. Die anderen werden sie sicher entdecken.
14. Verwandle die Nacht zum Tag durch Erzählen der neuesten Geschichten. Wirst du gerügt, so spiel den Beleidigten.
15. Beraube andere ihrer Decken. Iss nachts um drei Uhr, um einem Verhungerungsanfall vorzubeugen.

XIII. Bilder und Kopiervorlagen: V4-13 und V4-14

XIII. Bilder und Kopiervorlagen: V4-15 und V4-16

XIII. Bilder und Kopiervorlagen: V4-17 und V4-18

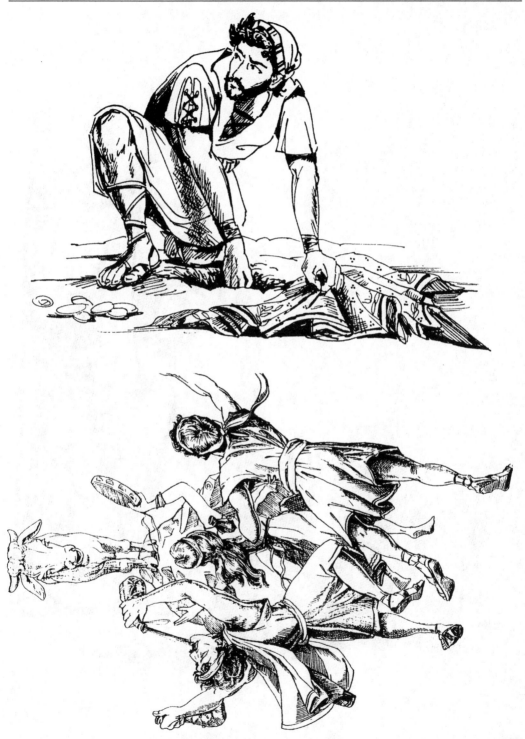

XIII. Bilder und Kopiervorlagen: V4-19

XIII. Bilder und Kopiervorlagen: V4-20

DER RUF DES GOLDES

DAS BEDEUTETE:
- DIE CHANCE DES LEBENS
- SICH INFORMIEREN
- GRÜNDLICH ÜBERLEGEN
- SCHNELLER ENTSCHLUSS
- ALLES AUFGEBEN
- LOSZIEHEN

XIII. Bilder und Kopiervorlagen: V4-21

Sitting Bull

General Custer

XIII. Bilder und Kopiervorlagen: V4-22

XIII. Bilder und Kopiervorlagen: V4-22

Wer mich aus diesem Tresor befreit, erhält 100 $ aus meinem Vermögen.

Wer mich aus diesem Tresor befreit, erhält 10.000 $ ~~100 $~~ ~~500 $~~ aus meinem Vermögen.

Wer mich aus diesem Tresor befreit, erhält ~~100 $~~ 500 $ aus meinem Vermögen.

Wer mich aus diesem Tresor befreit, erhält ~~10.000 $~~ ~~100 $~~ ~~500 $~~ aus meinem Vermögen. 1.000.000 $

Wer mich aus diesem Tresor befreit, erhält ~~10.000 $~~ ~~100 $~~ ~~500 $~~ ~~aus meinem Vermögen.~~ ~~1.000.000 $~~ ~~5.000.000 $~~ ~~100.000.000 $~~ mein gesamtes Vermögen.

XIII. Bilder und Kopiervorlagen: V4-23

XIII. Bilder und Kopiervorlagen: V4-24

XIII. Bilder und Kopiervorlagen: V4-24

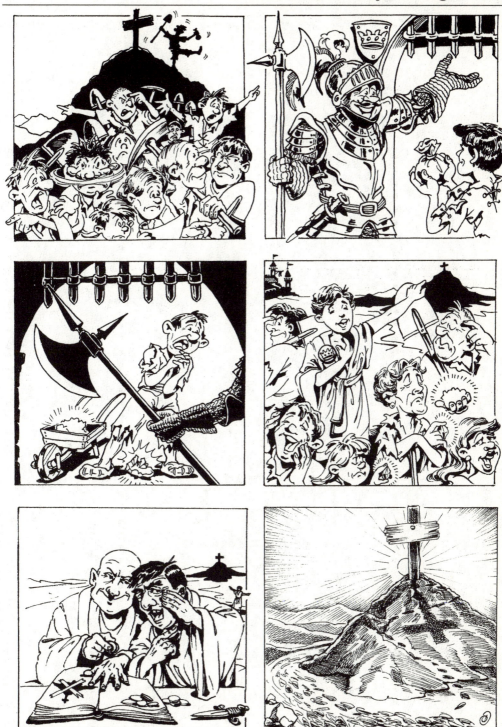

XIII. Bilder und Kopiervorlagen: V4-25

Schablone auf die gewünschten Maße vergrößern.

XIII. Bilder und Kopiervorlagen: V4-26

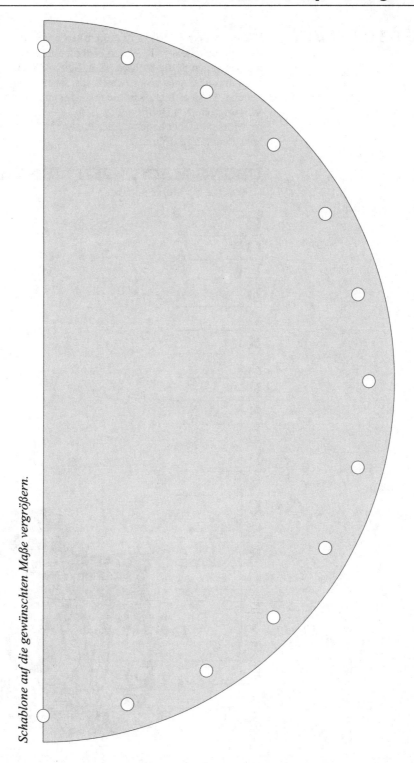

Schablone auf die gewünschten Maße vergrößern.

189

XIII. Bilder und Kopiervorlagen: V4-27

MORSEALPHABET

```
a  .-
b  -...
c  -.-.
d  -..
e  .
f  ..-.
g  --.
h  ....
i  ..
j  .---
k  -.-
l  .-..
m  --
n  -.
o  ---
p  .--.
q  --.-
r  .-.
s  ...
t  -
u  ..-
v  ...-
w  .--
x  -..-
y  -.--
z  --..
1  .----
2  ..---
3  ...--
4  ....-
5  .....
6  -....
7  --...
8  ---..
9  ----.
0  -----
```

Punkt	.-.-.-
Komma	--..--
Doppelpunkt	---...
Bindestrich	-....-
Apostroph	.----.
Klammer	-.--.-
Fragezeichen	..--..
Notruf	...---...
Irrung	....
Verstanden	...-.
Schlusszeichen	.-.-.

Samuel Morse (1791-1872), amerikanischer Maler und Erfinder, entwickelte seit 1837 den ersten brauchbaren elektromagnetischen Schreibtelegraphen. Seit 1838 wurde dazu die nach ihm benannte Morseschrift aus Strichen und Punkten benutzt. 1843 errichtete er die erste Telegraphenlinie von Washington nach Baltimore.

Im Morsealphabet bedeuten der Punkt ein kurzes und der Strich ein langes Signal.

ÜBUNG MACHT DEN MEISTER:

(Übersetze ins Morsealphabet!)

G
O
L
D
G
R
A
E
B
E
R
A
U
S
R
U
E
S
T
U
N
G

XIII. Bilder und Kopiervorlagen: V4-28

EIN ABEND IM SALOON

Ein Theaterstück zum Mitmachen

Beginn: 19.30 Uhr
Eintritt: 10 Cent

Von und mit den Mitarbeitern

Jeder ist herzlich willkommen!

EIN ABEND IM SALOON

Ein Theaterstück zum Mitmachen

Beginn: 19.30 Uhr
Eintritt: 10 Cent

Von und mit den Mitarbeitern

Jeder ist herzlich willkommen!

EIN ABEND IM SALOON

Ein Theaterstück zum Mitmachen

Beginn: 19.30 Uhr
Eintritt: 10 Cent

Von und mit den Mitarbeitern

Jeder ist herzlich willkommen!

EIN ABEND IM SALOON

Ein Theaterstück zum Mitmachen

Beginn: 19.30 Uhr
Eintritt: 10 Cent

Von und mit den Mitarbeitern

Jeder ist herzlich willkommen!

XIII. Bilder und Kopiervorlagen: V4-29

WALDLÄUFERBUCH

Tipps & Tricks für Waldläufer

HALLO,

herzlich willkommen in der "Familie der Waldläufer", also jener Mädchen und Jungen, für die ein Wald mehr ist als nur eine Ansammlung von Bäumen. Solche, die mit Interesse Gottes großartige Schöpfung näher studieren möchten, die Acht geben auf Natur und Umwelt und die einfach mehr wissen möchten.

Dieses Waldläuferbuch gibt dir einige Informationen zum Leben von Pflanzen und Tieren in Wald und Feld. Natürlich kann das nur ein Anfang sein - die Schöpfung ist ja noch viel umfangreicher. Aber ein Anfang ist es allemal.

Wir wünschen dir viel Freude beim Staunen über Gottes Geschöpfe. Wenn du mehr wissen möchtest, besorge dir weitere Naturkundebücher, die dann intensiv dein Interessengebiet behandeln.

Die leeren Seiten dieses Buches kannst du mit eigenen Entdeckungen und Beobachtungen füllen. Viel Spaß dabei!

Dein Goldgräber-Team.

Was ein Waldläufer wissen muss:

- Wald und Feld ist die Heimat der Tiere und Pflanzen. Behandle also deine Umgebung so, wie es sich für einen "Gast" gehört. Dazu gehört auch, keinen Lärm zu machen und Tiere nicht in ihren Wohnungen zu stören.
- Waldläufer und Spurenforscher hinterlassen niemals selber hässliche Spuren (z. B. Müll) in der Natur.
- Beim Sammeln von Pflanzen beachtet der Waldläufer, dass ein Exemplar immer ausreicht. Niemals werden Pflanzen ausgerissen. Niemals werden geschützte und seltene Pflanzen genommen. Pflanzenteile werden stets mit einem scharfen Messer oder einer Schere abgetrennt.

Dieses Waldläuferbuch gehört:

Wichtige persönliche Daten:

Geburtsdatum:

Anschrift:

Telefon:

Blutgruppe:

Jungschargruppe:

Inhalt:
- Tipps & Tricks - Pflanzen -
- Tierspuren - Bäume -
- Vögel - Schnecken - Infos -

JUNGSCHAR echt stark!

Sollte jemand dieses Waldläuferbuch finden, bitte unbedingt an die obige Anschrift zurückgeben! Vielen Dank.

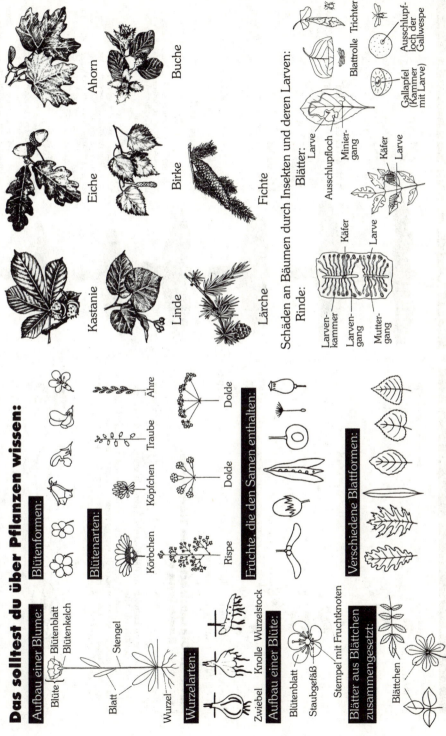

XIII. Bilder und Kopiervorlagen: V4-29

Vögel bestimmen

Roter Milan
Neben dem Adler unsere größten Raubvögel, die man am tief gegabelten Schwanz erkennt. Der Milan jagt Mäuse, Hasen, Schlangen, Maulwürfe, Frösche - aber auch Hühner und Enten. Fliegt oft über Waldgebieten in hohen Bögen.

Schwarzer Milan
Ihn erkennt man am flach gegabelten Schwanz (im Gegensatz zum Roten Milan). Er kreist über Wäldern, die an Flüssen oder Seen liegen und fängt dort Frösche, Fische, Mäuse, Vögel und Hasen.

Habicht
Ein großer Raubvogel, der bei uns selten geworden ist. Sein langer, schlanker Schwanz und die abgerundeten Flügel unterscheiden ihn vom Mäusebussard. Der Habicht frisst Hamster, Mäuse, Eichhörnchen, Wiesel, Hasen und Vögel.

Mäusebussard
Häufig zu beobachten, kreist er hoch am Himmel. Breite Flügel und ein kurzer, ausgebreiteter Schwanz kennzeichnen ihn. Der Mäusebussard frisst Mäuse, Hamster, Ratten, Frösche, Kröten und Schlangen. In Notzeiten nimmt er auch Raupen und Käfer.

Sperber
Kleiner Greifvogel, der sehr schnell und ungestüm fliegt, oft im Sturzflug zum Erdboden oder dicht über ihn hinweg. Kennzeichnend sind ein langer, schmaler Schwanz und kurze, abgerundete Flügel. Der Sperber jagt Vögel, frisst aber auch Mäuse und Insekten.

Turmfalke
Kleiner Greifvogel, der meist nicht sehr hoch fliegt und öfter in der Luft an einer Stelle steht. Gebogene, spitz zulaufende Flügel und ein schlanker Schwanz sind seine Kennzeichen. Der Turmfalke frisst Mäuse, Eidechsen, Frösche und große Insekten.

Tierspuren bestimmen

	Einzelspur	langsame Gangart	schnelle Gangart
Eichhörnchen			
Dachs			
Marder			
Hase			
Maus			
Hirsch			
Katze			
Fuchs			
Otter			
Fasan			
Krähe			

Weitere Spurbilder kannst du in anderen Büchern finden. Einzelne Spuren nennt man übrigens *Trittsiegel*.

Mach dir Gipsabdrücke von Tierspuren. Lege eine Sammlung an:

1. Schneide einen Pappring aus, wie du ihn unten siehst. Er muss gut um die Spur gelegt werden können.
2. Drücke ihn fest ins Erdreich um die Spur ein. Rühre Gips relativ flüssig an und gieße ihn vorsichtig in den Ring.
3. Nach dem Aushärten (ca. 30 Min.) hast du einen Negativabdruck der Fährte.
4. Für ein Positiv fertige einen noch breiteren Pappring, den du über das Negativ stülpst. Das Negativ vorher gut mit Fett einschmieren (z. B. Creme).
5. Nach dem Guss und dem Aushärten hast du endlich die Tierfährte in Gips.

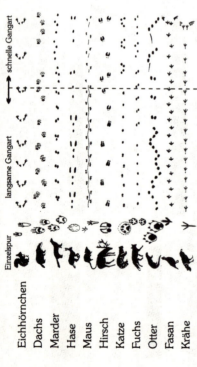
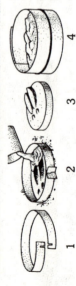

XIII. Bilder und Kopiervorlagen: V4-29

Aufgaben für Waldläufer

Hier sind einige Dinge aufgezählt, die du als Waldläufer und Spurensucher, Naturforscher und Entdecker tun kannst - weitere Informationen dazu findest du auch in vielen Naturkundebüchern:

1. Im Winter gibt es Gelegenheiten, an Wildfütterungen teilzunehmen. Erkundige sich danach und nutze die Gelegenheit!
2. Zeichne einige Trittsiegel (Tierspuren) und vergleiche sie miteinander!
3. Um gute Trittsiegel zu erhalten, kann man sich auch in einer Geflügel- oder Wildhandlung Füße besorgen und damit Abdrücke in feuchter Erde machen.
4. Schreibe im Frühjahr auf, wann du zum ersten Mal den Specht trommeln, den Kuckuck rufen hörst oder wann bestimmte Vogelarten wieder eintreffen!
5. Verlassene Vogelnester, die im Herbst auf den Boden fallen, kannst du untersuchen: Welche Materialien hat der Vogel verbaut?
6. Achte im Wald auf Vogelschalen, die aus dem Nest geworfen werden: Von welchem Vogel stammen sie?
7. Suche Rindenstücke mit Fraßgängen von Larven und Käfern! Zeichne das Fraßbild ab!
8. Sammle Zapfen im Wald mit Fraßspuren. Wer frisst Zapfen ab? Wie sehen die Zapfen aus, wenn bestimmte Tiere sie abnagen?
9. Lege ein Sammlung von Nüssen und Nussschalen mit Fraßspuren an!
10. Suche leere Schneckenhäuser und studiere ihr Inneres!
11. Beobachte eine Schnecke beim Fraß!
12. Sammle Gallen und öffne sie - sieh dir die Larven an!

Schnecken

Weinbergschnecke
(Hellbraun mit dunklen Spiralbändern; Höhe und Breite 30 - 40 mm; Gebüsche, Mauern, Wälder, besonders Kalkboden)

Baumschnecke
(Gelbbraun mit dunklem Spiralband und gelben Flecken; Höhe bis 22 mm, Breite bis 25 mm; Hecken, Laubwälder, Gräben)

Steinpicker
(Linsenförmiges Gehäuse, fein gekörnelt, bräunlich, oft rotbraune Flecken; Höhe bis 9 mm, Breite bis 17 mm; Felsen, Mauern, Buchenstämme)

Eingerollte Zahnschnecke
(Fast scheibenförmig, behaart (mit Lupe sichtbar); bräunlich; Höhe bis 6 mm, Breite bis 14 mm; Wälder, unter Laub, an Holz und Steinen)

Diskusschnecken (3 Arten)
(Sehr flaches Gehäuse, Windungen mit vielen Querrippen; bräunlich, häufig rotbraune Flecken; Höhe bis 3 mm, Breite bis 7 mm; unter Steinen, in Moos und faulendem Laub)

Gartenschnirkelschnecke
(Gelb oder rötlich, oft mit dunklen Spiralbändern, einige auch ohne; Höhe bis 16 mm, Breite bis 21 mm; Gärten, Mauern, Hecken)

Hainschnirkelschnecke
(Schwarz; Höhe bis 18 mm, Breite bis 23 mm; Gärten, Mauern, Hecken, lichte Wälder)

Buschschnecke
(Kugelig, grau, gelblich oder rötlich, etwas durchsichtig; Höhe bis 17 mm, Breite bis 20 mm; Gebüsch, feuchte und bemooste Felsen, Wald)

Schließmundschnecken (28 Arten)
(Turmförmig, schlank; braun; Höhe 7 - 20 mm; unter Steinen, an Felsen, Baumstümpfen, im Moos)

Bernsteinschnecken (7 Arten)
(Spitz, eiförmig, mit 3 - 4 Windungen; durchscheinend, bernsteingelb; Höhe 7 - 22 mm; Ufer, Seen, Sümpfe, Gräben)

Turmschnecken (3 Arten)
(Turmförmig, 6 - 7 Windungen, weiß, weiß dunkel gestreift oder bräunlich; Höhe 9 - 22 mm; Mauern, Wälder)

XIII. Bilder und Kopiervorlagen: V4-30

XIII. Bilder und Kopiervorlagen: V4-30

XIII. Bilder und Kopiervorlagen: V4-30 und V4-31

Jed Stone
5.000 $
BELOHNUNG
TOT ODER LEBEND

Alexander H. Whipple
5.000 $
BELOHNUNG
TOT ODER LEBEND

BANK
Kredit nur an Gehängte

XIII. Bilder und Kopiervorlagen: V4-32

DIE CLAIMS
und ihre Kaufpreise

199

XIII. Bilder und Kopiervorlagen: V4-32

URKUNDE

Der Besitzer dieser Urkunde ist alleiniger Eigentümer des Claims:

_____

Es ist alleine ihm erlaubt, in dem Gebiet nach Gold zu suchen.

Das gefundene Gold ist steuerfrei.

(9 identische Urkunden auf der Seite angeordnet in einem 3×3-Raster)

XIII. Bilder und Kopiervorlagen: V4-33

Punktekarte

Name :

Gruppe :

| 1 | 2 | 3 | 4 | 5 | 6 | 7 | 8 | 9 | 10 |

Punktekarte

Name :

Gruppe :

| 1 | 2 | 3 | 4 | 5 | 6 | 7 | 8 | 9 | 10 |

XIII. Bilder und Kopiervorlagen: V4-34

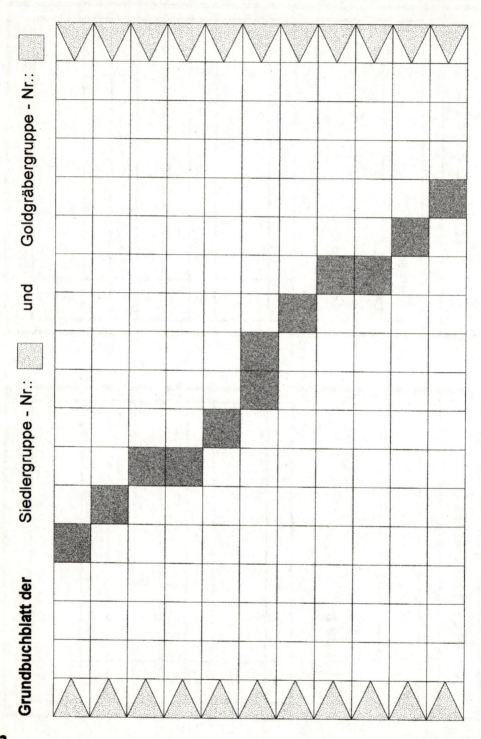

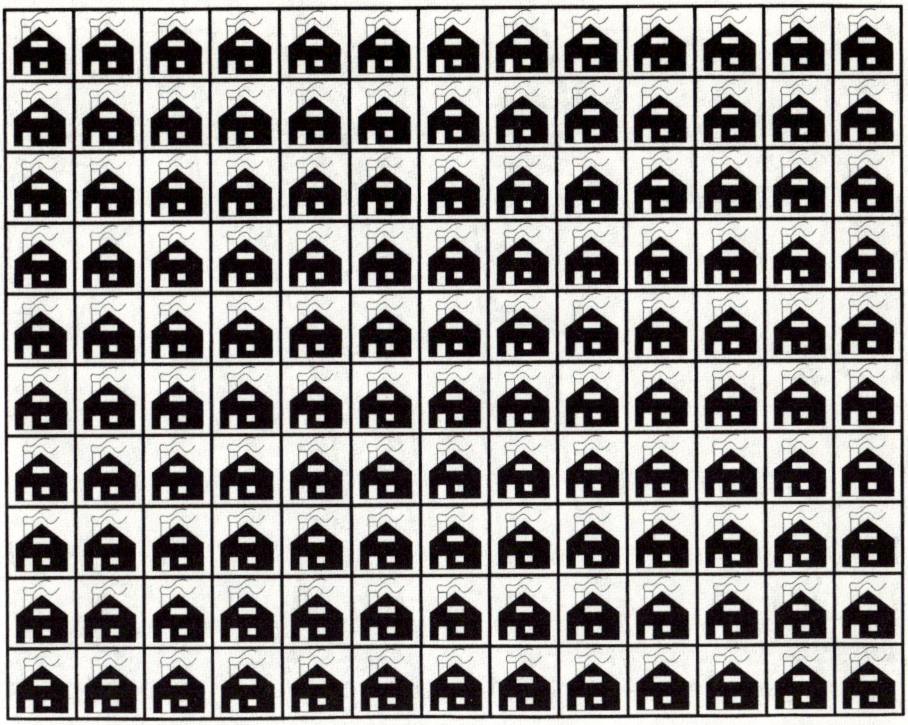

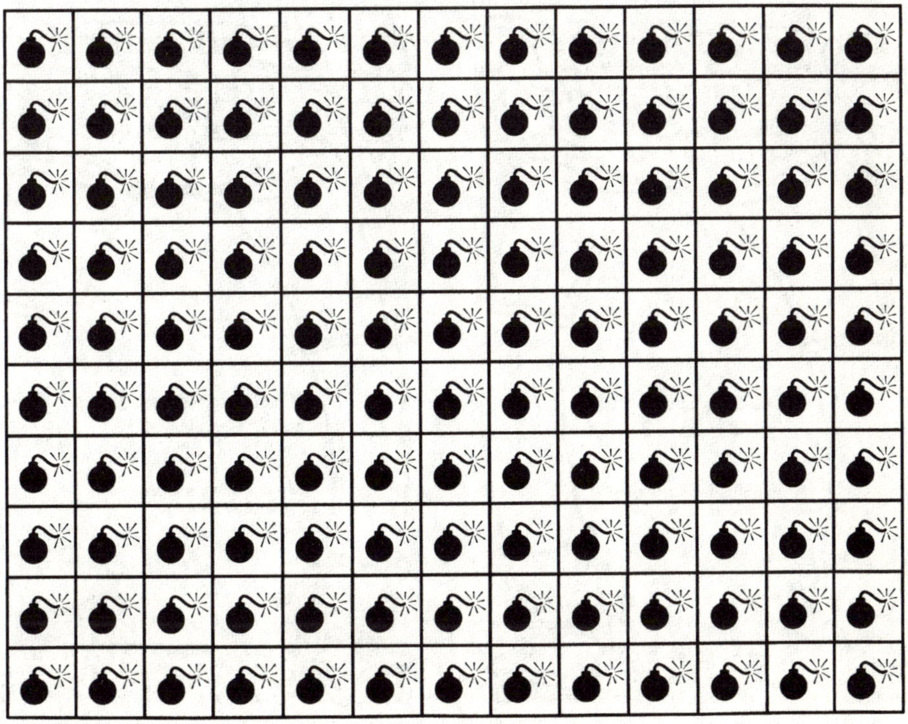

XIII. Bilder und Kopiervorlagen: V4-37

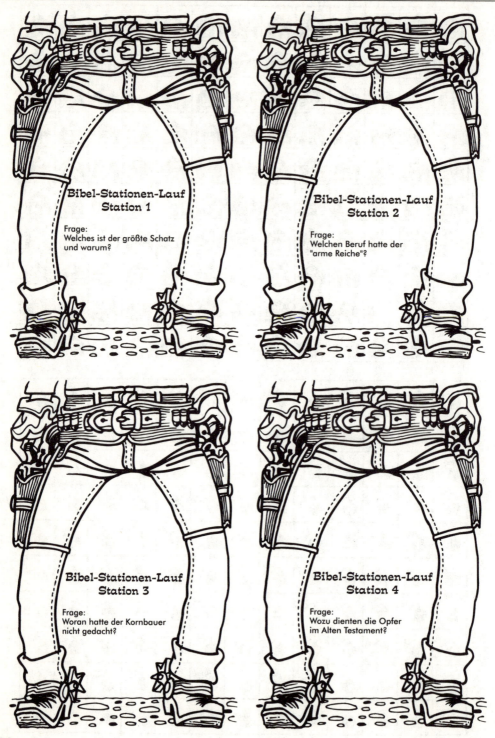

XIII. Bilder und Kopiervorlagen: V4-37

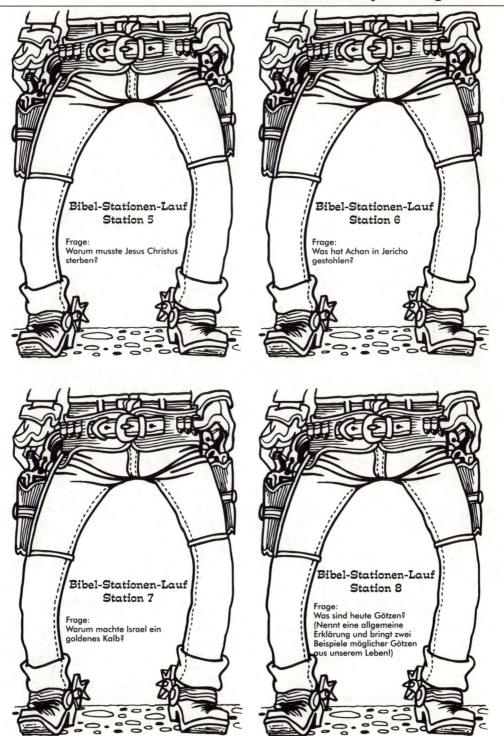

XIII. Bilder und Kopiervorlagen: V4-37 und V4-38

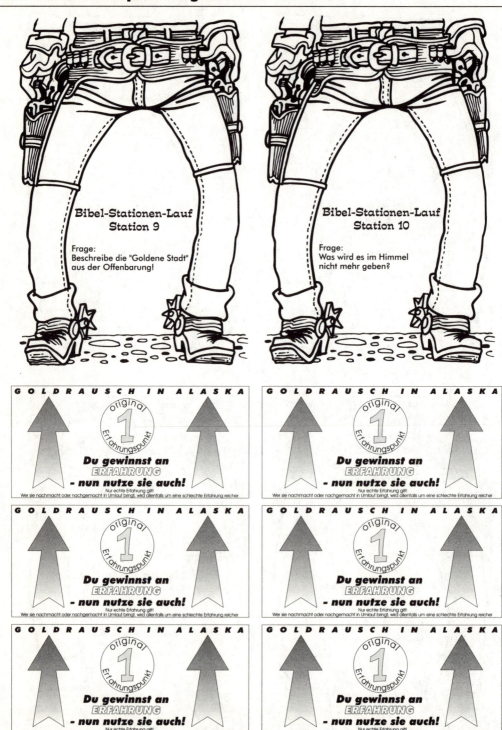

XIII. Bilder und Kopiervorlagen: V4-39

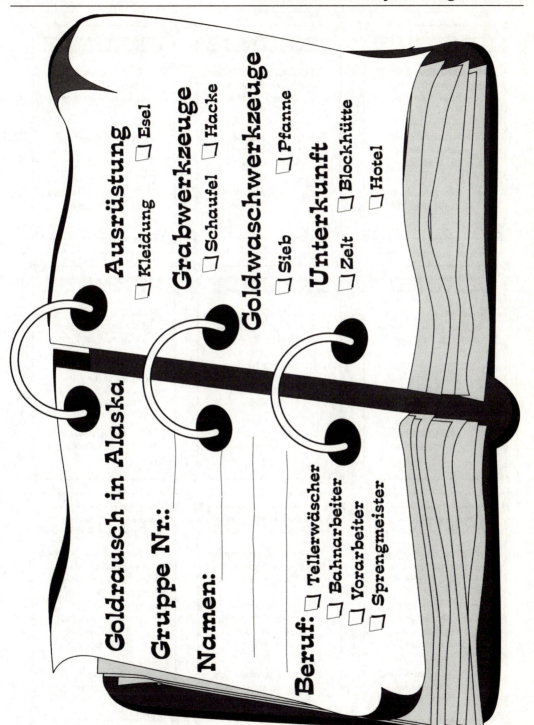

207

XIII. Bilder und Kopiervorlagen: V4-40

URKUNDE

Der Besitzer dieser Urkunde ist alleiniger Eigentümer des Claims / der Mine:

_____

Es ist alleine ihm erlaubt, in dem Gebiet nach Gold zu suchen.

Das gefundene Gold ist steuerfrei.

(Diese Urkunde erscheint 9 Mal auf der Seite in einem 3×3-Raster, jeweils mit einer Kaktus-Illustration.)

XIII. Bilder und Kopiervorlagen: V4-41

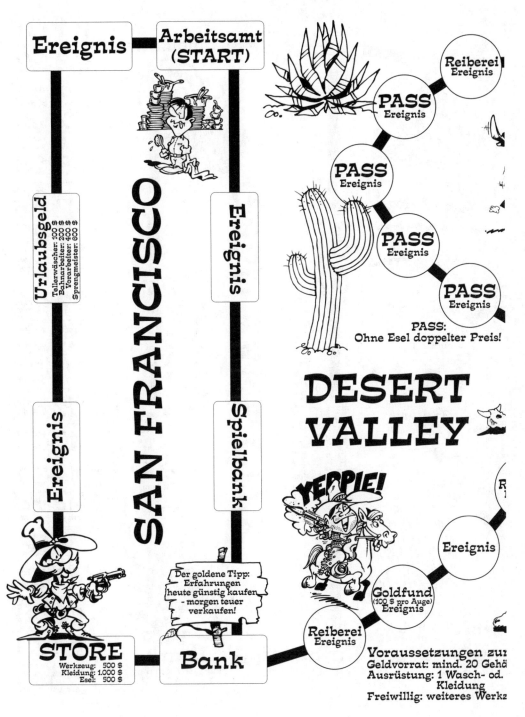

Der Spielplan befindet sich auf den Seiten 209 und 210. Er muss in der Mitte zusammengesetzt werden.

XIII. Bilder und Kopiervorlagen: V4-41

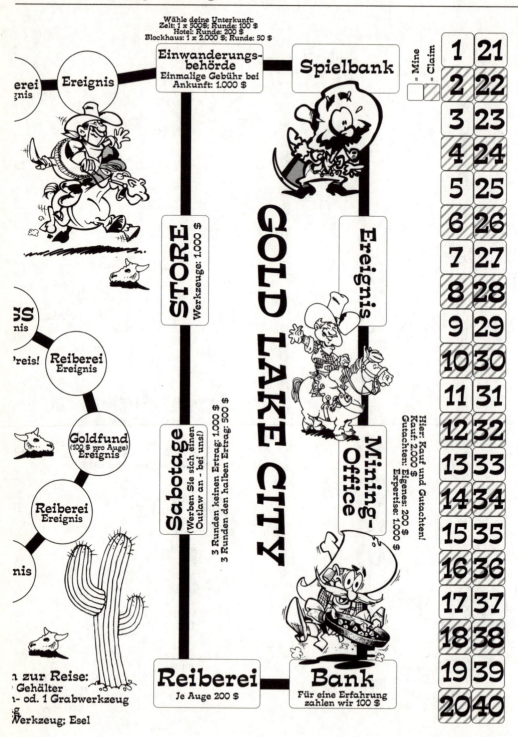

Der Spielplan befindet sich auf den Seiten 209 und 210. Er muss in der Mitte zusammengesetzt werden.

Minen/Claim - Übersicht

Mine/Claim	Runde 1	Runde 2	Runde 3	Runde 4	Runde 5	Runde 6	Runde 7	Runde 8	Runde 9	Runde 10	Runde 11	Runde 12	Runde 13	Runde 14	Runde 15	Runde 16	Runde 17	Runde 18	Runde 19	Runde 20	Durchschnitt
1	$10	$550	$250	$100	$20	$700	$600	$950	$1.100	$2.000	$400	$40	$3.200	$650	$200	$700	$10	$2.700			$700
2	$1.500	$150	$2.300	$750	$3.200	$3.900	$4.400	$1.100	$800	$2.500	$4.300	$3.600	$1.900	$100	$4.000						$2.100
3	$70	$90	$3.200	$3.600	$900	$30	$650	$150	$3.300	$20	$4.000	$1.000	$400	$2.700							$1.400
4	$30	$3.400	$250	$4.000	$2.300	$3.800	$100	$4.600													$2.300
5	$900	$650	$650	$40	$50	$3.800	$2.000	$200	$3.400	$2.100	$90	$4.100									$1.500
6	$500	$2.900	$500	$2.900	$10	$750															$1.300
7	$2.300	$650	$250	$70	$2.700	$3.200	$40	$4.800	$200												$1.600
8	$2.100	$4.200	$60	$600	$700	$600	$1.600	$500	$750	$750	$2.500	$350									$1.200
9	$1.800	$500	$60																		$800
10	$200	$30	$200	$500	$0	$150	$40	$90	$20	$2.200	$3.300	$3.900	$3.500	$600	$650						$1.100
11	$2.800	$1.200	$1.400	$650	$4.800	$50	$20	$1.700	$4.300	$1.400	$70	$250	$1.200	$600	$200				$100	$50	$1.100
12	$70	$3.400	$2.100	$3.600	$250	$100	$100	$3.600	$600	$950	$1.100	$2.000	$400	$1.500		$300	$750	$450			$1.900
13	$10	$550	$200	$800	$20	$4.800	$900	$3.900	$500	$4.000	$3.900	$3.700	$2.900	$900							$1.900
14	$2.700	$1.000	$300	$750	$750	$1.900	$0	$40	$550	$1.500	$40	$700									$900
15	$2.400	$3.900	$850	$200	$900	$650	$50	$850	$1.800	$3.300	$4.500										$1.800
16	$850	$0	$100	$850	$700	$900	$4.300	$2.200	$2.100	$400	$3.000	$400									$1.400
17	$3.000	$4.700	$4.600	$1.100	$150	$3.200	$90	$850	$3.300	$750											$2.200
18	$900	$80	$3.400	$20	$10	$1.100	$4.700	$3.100	$100												$1.500
19	$450	$200	$250	$3.400	$800	$90	$60	$1.500	$500	$100	$1.700	$150	$4.500	$700	$750	$150					$1.000
20	$4.300	$3.400	$40	$2.700	$0	$850	$1.700	$3.600	$1.000	$150	$300	$400	$400	$2.400							$1.600
21	$900	$40	$3.200	$650	$200	$2.300	$40	$3.900	$500	$4.000	$3.900	$3.700									$1.000
22	$0	$200	$350	$800	$10	$4.800	$900	$3.900	$500	$1.500											$1.000
23	$2.000	$20	$2.200	$750	$650	$10	$2.300	$40	$500												$1.000
24	$300	$2.600	$30	$700	$4.900	$30	$850	$100	$0												$1.100
25	$250	$450	$350	$650	$30	$650	$3.700	$1.500	$0												$900
26	$250	$70	$30	$2.000	$2.100	$2.200	$200	$750	$4.700	$4.200	$40	$2.900	$650	$30	$1.500	$200	$300	$750	$4.600	$2.500	$1.500
27	$950	$650	$550	$30	$700	$4.900	$10	$850	$100	$0	$150	$750	$300	$350							$700
28	$20	$200	$2.000	$1.300																	$900
29	$250	$2.500	$650	$500	$20	$20	$60	$100	$300	$3.700											$800
30	$80	$150	$90	$70	$10	$4.000	$900	$350													$700
31	$100	$600	$750	$600	$3.600	$650	$3.800	$300	$3.900	$2.800	$750	$3.300	$30	$500	$650	$10	$60	$0			$1.200
32	$4.000	$4.600	$200	$650	$600	$550	$650	$650	$1.400	$1.700	$500	$400	$1.700	$150	$550	$900					$1.200
33	$250	$4.600	$2.000	$450	$80	$1.600	$450	$2.800	$80	$4.600											$1.700
34	$1.400	$200	$30																		$500
35	$750	$650	$10	$650	$3.000	$70															$900
36	$0	$1.700	$150	$600	$90	$90	$1.300	$2.000	$3.100	$20	$350	$3.600	$70	$500	$100	$2.500	$30	$4.000			$1.400
37	$3.600	$0	$40	$400	$1.100																$1.000
38	$3.500	$250	$4.400	$3.300	$1.600	$450	$2.100	$450	$2.800	$80	$4.600	$450	$3.900								$2.000
39	$4.900	$2.200	$4.600	$2.000	$450	$80	$1.600	$700	$800	$1.700											$2.200
40	$3.900	$10	$200	$450	$100	$3.300	$2.300														$1.300

XIII. Bilder und Kopiervorlagen: V4-43

San Francisco (Tellerwäscher)	San Francisco (Tellerwäscher)	San Francisco (Tellerwäscher)
Du bekommst Post aus der Heimat. Es liegt ein Scheck über $20 bei. Löse ihn gleich ein!	Du arbeitest zu langsam. Zahle $10 Strafe!	Geld ist immer knapp. Darum geh ein Feld vor!
San Francisco (Tellerwäscher)	**San Francisco (Tellerwäscher)**	**San Francisco (Tellerwäscher)**
Du arbeitest einen Freund in der Küche ein. Kassiere dafür $10 von einer beliebigen Gruppe.	Dir sind Teller beim Abwaschen heruntergefallen. Dies ist eine neue Erfahrung, kostet aber $20.	Du hast viel gelernt. Das bringt dir $50, aber Erfahrungen muss man machen, also gib 2 davon ab!
San Francisco (Tellerwäscher)	**San Francisco (Tellerwäscher)**	**San Francisco (Tellerwäscher)**
Dein Arbeitgeber macht sein Geschäft zu. Du bist eine Runde arbeitslos.	Du willst Kellner werden? Das sprengt die Regeln. Trotzdem lohnt sich der Einsatz. Kassiere jede Runde als Tellerwäscher $20 extra! (Leg die Karte vor dich)	Für deine gute Arbeit ist jeder erste Schritt kostenlos. (Lege diese Karte vor dich hin!)
San Francisco (Tellerwäscher)	**San Francisco (Tellerwäscher)**	**San Francisco (Tellerwäscher)**
Die Gewerkschaft der Tellerwäscher setzt eine Gehaltserhöhung durch. Dies bringt dir $60.	Gehe zwei Felder zurück und such nach Erfahrungen. Da dies aber nur alte sind, gib eine ab!	Du bekommst wegen guter Leistung ein Angebot, 7 Runden Tellerwäscher bei einem Gehalt von $20 zu bleiben. (Lege diese Karte vor dich hin!)
San Francisco (Tellerwäscher)	**San Francisco (Tellerwäscher)**	**San Francisco (Tellerwäscher)**
RISIKO! Wie schnell kannst du Teller waschen? Würfle eine gerade Zahl und du erhältst $30, sonst zahle $20 in die Tellerkasse!	Du kannst mit dieser Karte für nur zwei Erfahrungen Bahnarbeiter werden.	Hast du Ereigniskarten vor dir liegen, so gib sie ab! Zum Trost darfst du eine neue Karte ziehen.
San Francisco (Tellerwäscher)	**San Francisco (Tellerwäscher)**	**San Francisco (Bahnarbeiter, Vorarbeiter, Sprengmeister)**
Du warst mit Freunden im Saloon. Das ist eine schlechte Erfahrung und kostet Geld. Gib eine Erfahrung und $20 ab!	Du liest in der Zeitung folgende Anzeige: "Verkaufe 10 Erfahrungen für $70." Wenn du sie kaufen willst, pass auf, dass es keine schlechten sind.	Bist du mit deiner Arbeit zufrieden, dann kassiere $600 und bleib was du bist! (Lege diese Karte vor dich hin!)
San Francisco (Tellerwäscher)	**San Francisco (Tellerwäscher)**	**San Francisco (Bahnarbeiter, Vorarbeiter, Sprengmeister)**
Du gewinnst den Wettbewerb der Tellerwäscher. Das bringt dir $100.	Du hast deine Geldbörse verloren. Zahle einer Gruppe $30 Finderlohn!	Du hast den Zug zur Arbeit verpasst. Setze einmal aus!
San Francisco (Tellerwäscher)	**San Francisco (Tellerwäscher)**	**San Francisco (Bahnarbeiter, Vorarbeiter, Sprengmeister)**
Du darfst bei einem Geschäftsessen servieren. Das bringt dir zwei Erfahrungen und $20 Trinkgeld.	Du führst ein neues Spülmittel ein, eine echte Revolution. Dafür ist der nächste Zug umsonst.	Du hast deine Monatskarte vergessen. Bezahle den letzten Spielzug nochmals!

XIII. Bilder und Kopiervorlagen: V4-43

San Francisco (Bahnarbeiter, Vorarbeiter, Sprengmeister) Mit dieser Karte kannst du dich einmal vor einer Reiberei schützen. Verwahre sie gut!	San Francisco (Bahnarbeiter, Vorarbeiter, Sprengmeister) Heute wird für das Obdachlosenasyl gesammelt. Spende $200 und behalte diese Karte als Spendenquittung.	San Francisco (Bahnarbeiter, Vorarbeiter, Sprengmeister) Du gewinnst bei einer Wette das Gehalt eines Mitspielers. Such dir eine Gruppe aus, die es dir bezahlt!
San Francisco (Bahnarbeiter, Vorarbeiter, Sprengmeister) Du hast heute einen Gleisabschnitt fertig bekommen. Dies ist eine tolle Erfahrung. Nimm sie mit!	San Francisco (Bahnarbeiter, Vorarbeiter, Sprengmeister) Heute wird das Schlechtwettergeld ausgezahlt. Kassiere $200.	San Francisco (Bahnarbeiter, Vorarbeiter, Sprengmeister) Du hast im Saloon $100 ausgegeben.
San Francisco (Bahnarbeiter, Vorarbeiter, Sprengmeister) Willst du Bahnhofsvorsteher werden? $100 Gehalt und Einkauf in den Geschäften der Stadt zum halben Preis. Aber es gibt kein Zurück mehr!	San Francisco (Bahnarbeiter, Vorarbeiter, Sprengmeister) Es gab ein Zugunglück auf einer Nebenstrecke. Du konntest helfen und willst keine Belohnung. Nimm 3 Erfahrungen und sei weiter hilfsbereit.	San Francisco (Bahnarbeiter, Vorarbeiter, Sprengmeister) Die Bahn hat dich zu einer neuen Arbeit eingeteilt. Du erhältst $200 Überbrückungsgeld.
San Francisco (Bahnarbeiter, Vorarbeiter, Sprengmeister) Unternehmen Zukunft, die Bahn. Es gibt für alle bei der Bahn Beschäftigten $300.	San Francisco (Bahnarbeiter, Vorarbeiter, Sprengmeister) Du hast beim Arbeiten die Telegraphenleitung umgeworfen. Schweige eine Runde oder zahle $500!	San Francisco (Bahnarbeiter, Vorarbeiter, Sprengmeister) Die Bahn stellt heute ihre neuen Lokomotiven vor. Durch dein Staunen hättest du fast vergessen, diese Erfahrung mitzunehmen.
San Francisco (Bahnarbeiter, Vorarbeiter, Sprengmeister) Beim Glücksspiel gewinnt zwar immer die Bank, wenn du jedoch eine gerade Zahl würfelst, erhältst du einen Esel.	San Francisco (Bahnarbeiter, Vorarbeiter, Sprengmeister) Die Bahn hat die Preise erhöht. Du bekommst ein zusätzliches Gehalt.	San Francisco (Bahnarbeiter, Vorarbeiter, Sprengmeister) Beim Stolpern ist dir eine Erfahrung aus der Tasche gerutscht.
San Francisco (Bahnarbeiter, Vorarbeiter, Sprengmeister) Du hast Urlaub. Kassiere ein halbes Gehalt Urlaubsgeld und setze eine Runde aus.	San Francisco (Bahnarbeiter, Vorarbeiter, Sprengmeister) Das Schienennetz wird auf eine neue Spurbreite umgestellt. Dies bringt dir 2 Erfahrungen und $200 Leistungszulage.	Desert Valley Dein Esel läuft davon. Du musst hinterher. Das bringt dich zwei Felder vor.
San Francisco (Bahnarbeiter, Vorarbeiter, Sprengmeister) Hast du schon für das Obdachlosenasyl gespendet? Wenn ja, dann gewinnst du $1000 bei der jährlichen Tombola. (Gib dafür die Spendenquittung zurück!)	San Francisco (Bahnarbeiter, Vorarbeiter, Sprengmeister) Ziehe über Los und kassiere ... He, du bist im falschen Spiel, zahle $200 Strafe!	Desert Valley Achtung! Pssst. Geheimnisse gibt man nicht preis, schon gar nicht beim Goldsuchen. Leg die Karte wieder zurück und schweig eine Runde, sonst bezahle $500.
San Francisco (Bahnarbeiter, Vorarbeiter, Sprengmeister) Du hast eine Reiberei auf der Bank. Würfel und kassiere für jedes Auge $50.	San Francisco (Bahnarbeiter, Vorarbeiter, Sprengmeister) Heute lief dir alles schief. Das bringt viel Ärger, aber auch eine neue Erfahrung.	Desert Valley Hast du irgendwelche Ereigniskarten vor dir liegen? Dann sind sie hiermit verfallen.

XIII. Bilder und Kopiervorlagen: V4-43

Desert Valley	Desert Valley	Desert Valley
Gehe Gold suchen. Kassiere für jedes geeignete Werkzeug $300.	Ein Steinschlag versperrt dir den Weg. Mit einer Schaufel ist es kein Problem, weiterzukommen. Wenn du keine Schaufel hast, setze einmal aus.	Du hörst, dass man in einem kleinen Bach Gold finden kann. Hast du Pfanne **oder** Sieb, kannst du's probieren. Du findest $700, wartest aber zwei Runden.
Desert Valley	**Desert Valley**	**Desert Valley**
Flöhe machen auch vor dir nicht Halt. Es kratzt und juckt. Was soll es? Es bringt dir nichts und es kostet nichts.	Hast du Grabwerkzeuge? Kassiere für jedes $1000!	Du schläfst auf deinem Esel ein und fällst herunter. Dabei findest du $20, jedoch wirft dich dies auch ein Feld zurück.
Desert Valley	**Desert Valley**	**Der Pass**
Du bekommst Fieberanfälle. Das verwirrt dich ein wenig. Dadurch verlierst du natürlich auch Erfahrungen. Gib drei davon ab!	Hast du Goldwaschwerkzeuge? Kassiere für jedes $1000!	Die Höhenluft tut dir gut. Rücke ein Feld vor!
Desert Valley	**Desert Valley**	**Der Pass**
Deine Hacke fällt vom Esel und bleibt in einem Goldklumpen stecken. Das ist zwar Seemannsgarn, aber es bringt dir $250.	Der Reisetreck ist überfallen worden. Du verlierst deinen Esel!	Bei einem besonders steilen Aufstieg verlierst du deine Hacke. Pech gehabt.
Desert Valley	**Desert Valley**	**Der Pass**
Ein Unwetter braut sich zusammen. Lauf, was du kannst, zum nächsten Unterschlupf. Gehe zwei Felder vor!	Du lässt am Fluss die Tiere trinken. Aus lauter Langeweile gehst du etwas Gold waschen. Tatsächlich wirst du fündig. Wenn du Pfanne **oder** Sieb hast, erhältst du für jedes gewürfelte Auge $200.	Du konntest gerade noch vor einem Abgrund anhalten. Vor Schreck lässt du dein Sieb hinunterfallen.
Desert Valley	**Desert Valley**	**Der Pass**
Räuber sind dir auf den Fersen. Auf der Flucht lässt du einen Teil deiner Ausrüstung im Wert von $500 oder $500 in bar zurück.	Unterwegs schwingst du ein wenig deine Grabwerkzeuge. Wenn du Hacke **oder** Schaufel hast, erhältst du für jedes gewürfelte Auge $200.	Du heuerst einen Goldsucher für das Überqueren des Passes an. Dieser kostet dich pro Runde $100. Da er dir hilft, kommst du besser voran und musst nicht doppelt bezahlen.
Desert Valley	**Desert Valley**	**Der Pass**
Wer wagt, gewinnt. Eine gerade Zahl bringt dir $300.	Beim Goldsuchen hast du mit der Hacke deinen Fuß getroffen. Wegen der großen Schwellung setze einmal aus oder zahle $200 Arztkosten.	Gefrustet von den Strapazen des Passes, legst du dich an den Wegrand: "Wäre ich doch nur zu Hause geblieben!" Darüber schläfst du ein. Setze eine Runde aus!
Desert Valley	**Desert Valley**	**Der Pass**
Hast du ein Sieb, dann fang an, Gold im Wert von $400 zu waschen!	Unterwegs erzählt dir ein alter Mann von einer verlassenen Mine. Willst du sie untersuchen? Du findest dort $700, jedoch musst du dafür ein Grabwerkzeug besitzen und 2 Runden aussetzen!	Gerade im Gebirge gibt es unzählige Wegelagerer und Banditen. Das bekommst jetzt auch du zu spüren. Sie rauben dir deinen Esel.

XIII. Bilder und Kopiervorlagen: V4-43

Der Pass	Gold Lake City	Gold Lake City
Dein Weg führt jetzt abwärts. Runter kommen sie alle, denkst du dir, und legst einen Zahn zu. Rücke ein Feld vor!	Ein Unwetter zerstört dein Zelt. Du musst dein Zelt erneuern!	Bück dich und heb' $100 auf. Als Tellerwäscher warst du noch dankbar darüber. Was Geld aus Menschen machen kann …
Der Pass	**Gold Lake City**	**Gold Lake City**
Um von den Indianern nicht bemerkt zu werden, steigst du vom Esel. Somit kannst du dich an ihnen vorbeischleichen, jedoch geht dir der Vorteil des Lasttiers auch für eine Runde verloren.	Ein Unwetter zerstört dein Zelt. Du musst dein Zelt erneuern!	Beim Poker verlierst du Hemd und Hose und bereust, jemals gespielt zu haben. Bleib dabei und zahle $1.000 ans Waisenwerk!
Der Pass	**Gold Lake City**	**Gold Lake City**
Du hast vergessen, deinen Esel anzubinden. Er ist dir davongelaufen.	Ein Unwetter zerstört dein Zelt. Du musst dein Zelt erneuern!	Du wärst lieber Tellerwäscher geblieben, als hier Gold zu suchen, aber behalten wir das für uns.
Der Pass	**Gold Lake City**	**Gold Lake City**
Die Sonne brennt heiß. Du beschließt, an einem Bach etwas Wasser zu trinken. Wenn du eine Pfanne hast, wäschst du nebenbei noch etwas Gold im Wert von $300.	Ein Unwetter zerstört dein Zelt. Du musst dein Zelt erneuern!	Die Bahn hat noch eine Gehaltsnachzahlung überwiesen. Kassiere $1.000!
Der Pass	**Gold Lake City**	**Gold Lake City**
Deine Hacke fällt vom Esel und bleibt in einem Goldklumpen stecken. Diesmal ist das kein "Seemannsgarn". Kassiere $500, wenn du eine Hacke hast!	Heute wurde dir das Ehrenamt als Bürgermeister angeboten. Nimm es an und du erhältst $1.500!	Ein Unwetter zerstört deine Minen. Die Reparaturarbeiten kosten pro Mine $1.000!
Der Pass	**Gold Lake City**	**Gold Lake City**
Du triffst einen alten Freund wieder. Er ist dir gern beim Passaufstieg behilflich. Der nächste Zug kostet nur das Eineinhalbfache.	Die Bankgenossenschaft schüttet Gewinnbeteiligung aus. Das bringt dir $3.000!	Hiermit kannst du dich einmal vor einer Reiberei schützen. (Leg diese Karte vor dich hin.)
Gold Lake City	**Gold Lake City**	**Gold Lake City**
Ein Unwetter zerstört dein Zelt. Du musst dein Zelt erneuern!	Krank bist du von der Suche nach Gold. Du hast Heimweh und bist froh über jeden Trost. Jede Gruppe, die dir welchen spendet, erhält $300 von dir.	Gold suchen ist nicht immer leicht. Erleichtere du die Bank um $500!
Gold Lake City	**Gold Lake City**	**Gold Lake City**
Ein Unwetter zerstört dein Zelt. Du musst dein Zelt erneuern!	Dein Kamerad will zurück in seine Heimat und verkauft zum halben Preis seine Ausrüstung. Wenn du auf sein Angebot eingehen möchtest, tue es sofort!	Die Flüsse sind über die Ufer getreten und haben deine Claims verwüstet. Die Wiederherstellung kostet pro Claim $1000!

XIII. Bilder und Kopiervorlagen: V4-43 und V4-44

Gold Lake City Wenn du möchtest, kannst du deinen Esel für $1.000 verkaufen.	**Gold Lake City** Hast du eine Mine oder Claim? Wenn ja, dann freu dich über einen Fund von $1.000!	**Gold Lake City** Deine Ausrüstung ist mit dir durch dick und dünn gegangen. Sie muss repariert werden. Dies kostet $1.000.
Gold Lake City Laufen deine Geschäfte, dann freue dich und kassiere in einer Mine oder einem Claim doppelt!	**Gold Lake City** Ein Unwetter zerstört dein Zelt. Du musst dein Zelt erneuern!	**Gold Lake City** Alte Bekanntschaften aufzuwärmen lohnt sich. Ein alter Freund erstellt dir ein Gutachten für eine Mine/Claim zum halben Preis. Willst du?
Gold Lake City Alle deine Ereigniskarten verfallen hiermit!	**Gold Lake City** yerz6 m 456 mökldfg<as 54 h (T&/O$NM34569 Willst du eine neue Karte?	**Gold Lake City** Hast du Interesse an einem kleinen Nebenverdienst? Du erhältst 3 Runden lang $1.000, wenn du so lange auf diesem Feld stehen bleibst. (Leg diese Karte vor dich hin.)
Gold Lake City Sicherheit geht über alles, sagst du, aber stimmt das? Setze $1.000 in der Spielbank!	**Gold Lake City** Hiermit kannst du dich einmal vor einer Sabotage schützen! (Leg diese Karte vor dich hin!)	**Gold Lake City** Heute regnet es Hunde und Katzen! Du vertrinkst den Ertrag einer deiner Minen oder Claims im Saloon. (Schäm dich ...)

SPIEL 70

Frage:
Welches Edelmetall wird auch heute noch hoch geschätzt?

SPIEL 70

Frage:

XIII. Bilder und Kopiervorlagen: V4-45

SPIEL 70

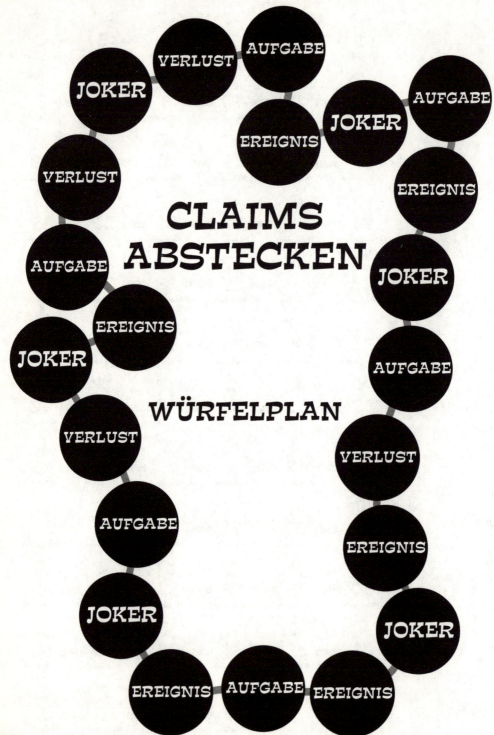

XIII. Bilder und Kopiervorlagen: Lieder zum Goldgräberlager

Das Goldgräber-Lied

Mel.: traditional
Text: Chris Brake (1. + Ref. I)
Ralf Kausemann (2.-4. + Ref. II)
Rechte: C. Brake; R. + M. Kausemann

1. Der Ruf des Goldes lockt euch fort: aufgegeben - altes Leben. So kamt ihr hier an diesen Ort, voller Hoffnung auf das Glück.

Ref.: Gold, Gold, Gold, das ist es, was ihr wollt. Mit Schaufel, Sieb und etwas Fleiß, wird euch Reichtum dann zum Preis.

2. Gold ist ganz selten auf der Erd',
glänzend wertvoll - darum ganz toll!
Es wird von allen sehr begehrt,
doch nur wen'ge werden reich.

3. Zu hoch ist uns das Risiko
lang zu graben - nichts zu haben.
So werden wir ja niemals froh.
Was hat das für einen Sinn?

4. Ja, alles gebt ihr dafür hin:
Ziel vor Augen - durch den Glauben.
Nur Jesus gibt euch Lebenssinn.
Gold des Lebens bietet er.

Ref. 2: Gold, Gold, Gold,
das ist es, was ihr wollt.
Mit Glauben, Mut und etwas Fleiß
wird euch Leben dann zum Preis.

XIII. Bilder und Kopiervorlagen: Lieder zum Goldgräberlager

In Christus liegen verborgen

Text: Ref. nach Kolosser 3,2
1-3: R. Kausemann
4-6: M. Kausemann
Mel.: M. Kausemann
Rechte: R. + M. Kausemann

Refr.: In Christus liegen verborgen die Schätze der Weisheit und der Erkenntnis.

1. Suchst du echtes Gold, willst, dass das Glück dir hold, dann wende dich an ihn.

2. Er gab uns sein Wort,
dort such' nun immerfort
und grabe tief darin.

3. Dort nur wirst du reich,
versuche es doch gleich.
Nimm dir die Zeit für ihn!

<u>*Alternativ als Abschlusslied:*</u>

4. Wer sie finden will,
der setz' die Suche fort,
ein jeder an dem Ort, an dem er wohnt.

5. Wir stehen an dem Werk,
wo sich die Mühe lohnt.
Bald gibt es Lohn an Gottes großem Thron.

6. Wir sagen: Tschüss, mach's gut,
verliere nicht den Mut!
Halt fest an dem, was du hier hast gelernt!

XIII. Bilder und Kopiervorlagen: Zusatzblätter zur Freizeitmappe

Wertvoller als

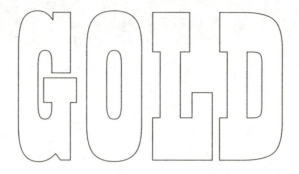

Schätze aus der Bibel

XIII. Bilder und Kopiervorlagen: Zusatzblätter zur Freizeitmappe

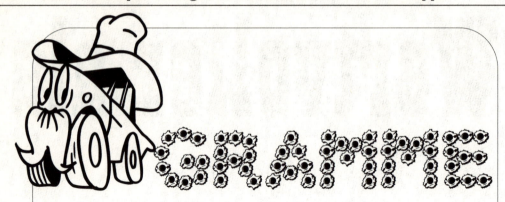

XIII. Bilder und Kopiervorlagen: Zusatzblätter zur Freizeitmappe

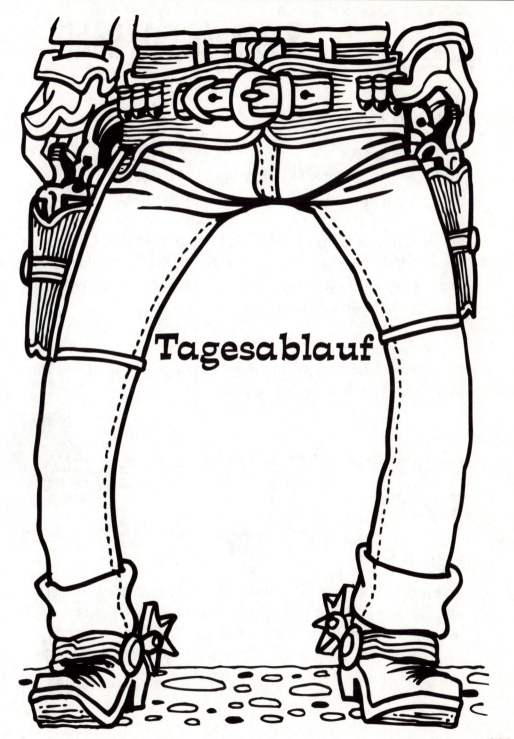

Kostbarer als Gold

LEKTION 1
Text: Psalm 119,72

Wer wünscht sich das nicht - einen Schatz zu finden, der

ist. Einen Schatz, für den man alles andere drangibt.

Du denkst jetzt sicher an viel Geld oder kostbare Edelsteine. Aber stell dir mal vor: Gott stellt dir eine Schatztruhe zur Verfügung, aus der du jeden Tag neue Schätze heben kannst! Ist dein Interesse geweckt?

Wir wollen uns diese Schatztruhe mal ein wenig aus der Nähe ansehen; besser gesagt, sogar einen Blick hineinwerfen. Vielleicht hast du es schon erraten:

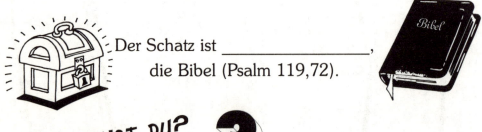

Der Schatz ist _____, die Bibel (Psalm 119,72).

WAS MEINST DU?

Wenn die Bibel Gottes Schatztruhe für uns Menschen ist, was wünschst du dir dann, darin zu finden? (Überlege dabei, was du unbedingt für dein Leben brauchst!)

LEKTION 1

Nachdem du dir nun Gedanken über deine Wünsche gemacht hast, wollen wir einmal sehen, was Gott selbst über sein Wort, die Bibel, sagt.

Lies die folgenden Bibelstellen sorgfältig durch und notiere dir, welche Aussagen über die Bibel gemacht werden (immer wenn von "Schrift", "Zeugnis" o. ä. die Rede ist, ist Gottes Wort gemeint)!

2. Petrus 1,21: _____

2. Timotheus 3,16+17: _____

Psalm 19,8+9: _____

1. Petrus 1,24+25: _____

Matthäus 4,4: _____

LEKTION 1

Es ist gut zu wissen, dass die Bibel absolut wahr ist. Im Gegensatz zu vielen Dingen in unserer heutigen Zeit, können wir uns auf die Aussagen Gottes fest verlassen!

 Auf viele Fragen der Menschen gibt uns Gott in seinem Wort eine Antwort.

Die folgenden Bibelstellen zeigen uns grundlegende Aussagen über den Menschen.

WERTVOLLE INFORMATIONEN:

1. Die Frage der Herkunft des Menschen wird beantwortet: 1. Mose 1,26; Psalm 139,13+14

2. Gott zeigt uns in seinem Wort den Zustand des Menschen: Römer 3,10.23; Prediger 7,20

3. Die Bibel beschreibt uns den einzigen Weg zurück in die Gemeinschaft mit Gott: Johannes 1,29; Johannes 14,6; 1. Petrus 3,18; Sprüche 28,13

4. Die Errettung ist ein Geschenk Gottes: Epheser 2,8+9; Römer 3,23

5. In der Bibel finden wir Aussagen über die Zukunft des Menschen: Hebräer 9,27; Johannes 5,28+29

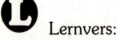 Lernvers:

Ich freue mich über dein Wort wie einer, der große Beute macht. Psalm 119,162

Tipps zum Bibellesen:

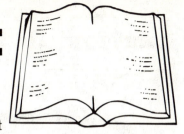

Damit wir das Wort Gottes besser kennen lernen, müssen wir natürlich darin lesen. Wichtig ist es, dass du regelmäßig, jeden Tag einen Abschnitt liest - du isst und trinkst ja auch jeden Tag. Genauso wie Essen und Trinken Nahrung für deinen Körper ist, ist das Wort Gottes die Speise für dein geistliches Leben.

Eine Hilfe kann dir dabei ein Bibelleseplan sein. Eine gute Lesehilfe findest du z. B. in der Jungscharzeitschrift 'Voll-TREFFER'.

Entscheidend ist nach dem Lesen das Handeln danach! Lies dazu einmal Matthäus 7,24-27!

Folgende Schritte haben sich beim Bibellesen bewährt:

zu Gott, dass er dir hilft, den Bibeltext zu verstehen und daraus für dein Leben zu lernen.

in deiner Bibel den jeweils angegebenen Bibeltext.

Was hast du über Gott, Jesus Christus oder den Heiligen Geist gelesen?

Steht im Text ein Befehl, eine Verheißung oder eine Warnung?

Welcher Vers oder Gedanke aus dem Text ist dir am wichtigsten geworden? Schreibe ihn dir in ein Schulheft auf!

und antworte Gott so, z. B. durch Dank oder eine Bitte für dich oder andere Menschen.

nun auch nach dem, was du gelernt hast. Gottes Liebe an andere weitergeben macht froh.

LEKTION 2
Text: Lukas 12,13-21

Der arme Reiche

Alles Begriffe für ein und dasselbe Wort: Geld! Kaum ein anderes Wort hat das Denken, Reden und Handeln der Menschen mehr beeinflusst als dieses.

Was verbindest du mit dem Begriff "Geld"?

_____

_____

In dieser Lektion lesen wir von einem Mann, der den Herrn Jesus bittet, seinen Erbstreit mit seinem Bruder zu regeln. Offensichtlich hatte der Mann einen gewissen Anspruch auf dieses Erbe. Aber dennoch ist der Herr Jesus nicht bereit, dieser Forderung nachzugeben. Vielmehr nutzt er die Gelegenheit und spricht eine ernste Warnung an die Menschen aus.
Lies nochmals den Vers 15a und schreibe die Warnung auf:

_____

Versuche, den Begriff "Habsucht" zu umschreiben:

_____

 MERKE! Geld an sich ist nichts Schlechtes! Entscheidend ist, wie wir damit umgehen - das prägt unser Leben ganz gewaltig.

LEKTION 2

Wie gut ist es, dass der Herr Jesus uns nicht nur die Warnung, sondern auch die entsprechende Begründung nennt. Dadurch wird es für uns leichter, die Warnung zu verstehen.

WAS MEINST DU?

Was meint der Herr Jesus wohl, wenn er sagt, dass das Leben eines Menschen nicht aus seiner Habe (Reichtum) besteht (Vers 15b)?

_____

_____

Als Hilfe für die Menschen damals (und für uns heute) erzählt er das Gleichnis vom reichen Mann. Beschreibe einmal die Lebenseinstellung des reichen Mannes:

_____

_____

Auf den ersten Blick scheint die Einstellung des reichen Mannes sehr vernünftig zu sein. Doch als er damit anfängt, sich Pläne für seine Zukunft zu machen (ein ruhiges und wohlhabendes Leben zu führen), lässt er das Entscheidende außer Acht! Versuche einmal herauszufinden, was er nicht bedenkt. Lies dazu Psalm 39,5; 90,12:

_____

_____

 Irgendwann stößt unser Denken, Planen und Leben an Grenzen!

LEKTION 2

Es ist sehr tragisch, dass ein so planvoll handelnder Mann die wichtigste Frage seines Lebens ("Was geschieht nach meinem Tod?") nicht beachtet.

Was waren wohl die Gründe dafür?

Lies noch einmal die Verse 17-19. Welche Wörter fallen dir besonders auf?

① _____ ② _____ ③ _____

Fasse die drei Wörter einmal zusammen: _____

Diese Ichbezogenheit, das Drehen um sich selbst hat ihn blind für Gott gemacht! Der Reichtum ist ihm wichtiger als ein Leben mit Gott. In seinem Herzen ist kein Platz für das Reden Gottes. Er lebt sein Leben ohne Gott. Und dass er bald sterben muss, daran denkt er erst recht nicht.

UND DU?

Dreht sich in deinem Leben auch alles um dich?

Hat Gott in deinem Herzen auch keinen Raum?

Hast du schon einmal über den Tod nachgedacht?

Denke nun in Ruhe über diese wichtigen Fragen nach und sei dabei ganz ehrlich zu dir selbst! Zu welchem Ergebnis kommst du? Bist du damit zufrieden?

Bitte Gott, dass er dir dabei hilft, ihm den Platz in deinem Leben einzuräumen, der ihm zusteht!

LEKTION 2

An vielen Stellen der Bibel zeigt uns der Herr Jesus, dass es nicht in erster Linie auf unseren Besitz ankommt. Vielmehr zeigt er uns, was im Leben wirklich wichtig ist.
Im Gegensatz zum Reichtum, der *vergänglich* ist, bietet der Herr Jesus uns etwas an, das *bleibenden* Wert hat!

WAS WIRKLICH ZÄHLT!

Versuche einmal zu ergründen, was damit gemeint ist:

a) Die Grundlage: Epheser 1,7

___

b) Die Hilfe: Philipper 4,6; Hebräer 13,5+6

___

c) Das Ziel: Johannes 5,24; 1. Johannes 5,11-13

___

L Lernvers

Denn was nützt es einem Menschen, wenn er die ganze Welt gewinnt, aber sein Leben einbüßt?
Matthäus 16,26a

LEKTION 3
Text: Psalm 49,8+9

Kaufen nicht möglich

Jerusalem, im Jahr 700 v. Chr.:
Dieses Erlebnis würde Jehu nicht so schnell wieder vergessen - er kommt gerade vom Tempel, wo er ein Sündopfer dargebracht hat. Der Priester hat ihm gesagt, dass er seine Hand auf den Kopf des Schafes legen sollte. Wie schwer fiel es ihm dann, das scharfe Messer anzusetzen und das unschuldige Schaf zu schlachten. Danach wurde es in einzelne Stücke zerteilt und auf dem Altar verbrannt. Jehu muss nachdenken: 'Dieses Schaf muss nur deshalb sterben, weil ich gegen Gottes Gebote verstoßen habe!'
Zur Zeit des Alten Testamentes starben auf diese Weise tausende unschuldiger Tiere.

WAS MEINST DU?

Warum gab es überhaupt diese Tieropfer?
Um diese Frage beantworten zu können, müssen wir an den Anfang der Geschichte zurückgehen: Lies einmal 1. Mose 3,1-6 und schreibe das Geschehen kurz mit eigenen Worten auf:

_____

_____

_____

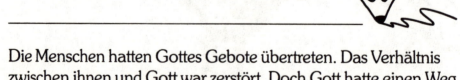

Die Menschen hatten Gottes Gebote übertreten. Das Verhältnis zwischen ihnen und Gott war zerstört. Doch Gott hatte einen Weg gefunden, wie es wieder in Ordnung gebracht werden konnte.

Gottes Grundsätze - lies die angegebenen Bibelstellen und schreibe daneben Gottes Grundsätze auf:

Römer 6,23a: _____

Hebräer 9,22: _____

Sünde muss also mit dem Tod bestraft werden - Blut muss zur Sühnung fließen. Eigentlich müsste derjenige sterben, der die Sünde begangen hat, doch Gott hat einen Ausweg zur Rettung der Sünder geschaffen: Lies 3. Mose 1,1-5 und schreibe auf, wie dieser Weg aussah:

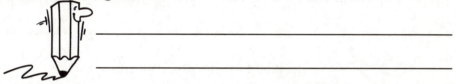

Das Opfertier konnte also stellvertretend getötet werden - dazu hatte Gott ganz genaue Vorschriften gegeben, die für Israel den Weg der Rettung von ihren Sünden bedeuteten.

Doch dieser Rettungsweg war nur eine vorläufige Möglichkeit, nicht bestraft zu werden! Denn Gottes Gerechtigkeit forderte eine endgültige Lösung: In Römer 5 kannst du das nachlesen.

 Ein Mensch brachte die Sünde in die Welt, also musste auch ein Mensch die Sünde sühnen!

WAS MEINST DU?

Was durfte dieser Mensch jedoch nicht haben? (Überlege ein Beispiel dazu: Wer kann für einen anderen Schulden bezahlen? Was darf er selber nicht haben?)

LEKTION 3

Es musste also ein sündloser Mensch für die Sünden der anderen Menschen sterben. Solange, bis dieses "Opfer" gefunden wäre, würden die Sünden der Menschen im Alten Testament nur "zugedeckt" sein, aber nicht gesühnt (Römer 3,25+26)! Damit ergab sich schon wieder ein großes Problem - lies dazu Römer 3,10-12 und schreibe das Problem auf:

_____

In Psalm 49,8+9 wird das alles sehr gut zusammengefasst:

_____

_____

 Und jetzt lies einmal Johannes 1,29:
Was wird hier gesagt?

_____

Was bedeutet das? _____
(1. Petrus 1,18+19)

Wieso kann der Herr Jesus das lang gesuchte Opfer sein?
(Überlege, was von diesem Opfer gefordert wurde!)

_____

 Nur Jesus Christus konnte Gottes Forderungen erfüllen: Er ist als sündloser Mensch freiwillig in den Tod gegangen und hat damit alle Sünden der Menschheit gesühnt (1. Petrus 2,22-24)!

LEKTION 3

Nun ist es also geschehen: Das Blut eines sündlosen Menschen ist geflossen - alle gerechten Forderungen Gottes wurden durch den Herrn Jesus am Kreuz erfüllt.

DIE WICHTIGSTE FRAGE:

 Was bleibt nun zu tun? Wie kann ein Mensch nun errettet werden?

Der Herr Jesus bietet es jedem Menschen als Geschenk an: Rettung ist möglich! Doch wie können wir das Geschenk erhalten?

Römer 3,28: _____

1. Johannes 1,7b.9: _____

Das Blut Jesu ist unendlich kostbar - es reicht als Lösegeld aus für
➡ alle Sünden
➡ alle Menschen
➡ alle Zeiten

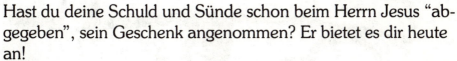

Hast du deine Schuld und Sünde schon beim Herrn Jesus "abgegeben", sein Geschenk angenommen? Er bietet es dir heute an!

 Lernvers:

Denn ihr wisst, dass ihr nicht mit Silber oder Gold erlöst worden seid von eurem eitlen, von den Vätern überlieferten Wandel, sondern mit dem kostbaren Blut Christi als eines Lammes ohne Fehler und ohne Flecken.
1. Petrus 1,18+19

LEKTION 4
Text: Matthäus 26,14-56

Ist Dabeisein alles?

In dieser Lektion wirst du einen interessanten Mann kennen lernen. Lies die folgenden Bibelstellen und schreibe die dort gegebenen Informationen über ihn auf!

Sein Name: _____
(Matthäus 10,4b)

Johannes 13,29: _____
_____

Judas begleitete den Herrn Jesus gut drei Jahre lang. In dieser Zeit erlebte er viele Dinge, z. B.:

Lukas 9,6: _____
_____

Markus 3,13-15.19: _____
_____

Matthäus 11,4-5: _____
_____

Markus 4,39-41: _____
_____

Man sollte meinen, dass die vielen Erlebnisse, die Judas mit dem Herrn Jesus hatte, sein Vehalten prägten und sein Leben veränderten. Der Herr Jesus ist das beste Vorbild für das Leben.

LEKTION 4

ABER:

Wie verhält sich Judas bei verschiedenen Gelegenheiten?

Johannes 12,4-6: _____

_____

Lukas 22,3-6; Matthäus 26,14-16:

_____

Matthäus 26,48-50: _____

_____

Trotz der drei Jahre mit Jesus Christus muss über Judas gesagt werden:

_____

_____

Das ging so weit, dass er seinen Herrn schließlich für eine Hand voll Silberstücke mit einem Kuss verriet.

In Matthäus 27,3-10 lesen wir zwar, wie Judas seine Tat bereut - doch wie endet sein Leben?

_____

_____

VERGLEICHE:

Es gab noch einen Jünger Jesu, der in einer entscheidenden Situation versagte. Lies dazu Lukas 22,34.54-61. Doch wie verhält sich Petrus nach seinem Versagen?

Lukas 22,62; Johannes 21,17: _____

_____

Wie gut, dass es die Möglichkeit der Umkehr gibt!

Beide Jünger, Judas und Petrus, gingen ihren Weg mit dem Herrn Jesus - die Folgen für ihr Leben waren jedoch grundlegend verschieden!

UND HEUTE?

Viele meinen, es genügt, immer dabei zu sein, wo Christen sind, und alles mitzumachen (Gemeinde, Jungschar usw.). Doch wir können Gott in unserem Leben nichts vormachen.

Lies Psalm 44,22 und 1. Samuel 16,7 und überlege,

worauf Gott achtet: _____

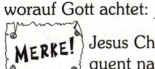 Jesus Christus sucht Menschen, die ihm konsequent nachfolgen - dabei sein ist eben nicht alles!

 Lernvers

Der Herr, unser Gott, ist allein Herr; und du sollst den Herrn, deinen Gott, lieben aus deinem ganzen Herzen und aus deiner ganzen Seele und aus deinem ganzen Verstand und aus deiner ganzen Kraft. Markus 12,29.30

LEKTION 5
Text: 1. Chronik 22,5.11-16
Markus 12,41-44

Geben für Gott

Überlege einmal, wann du zuletzt freiwillig etwas abgegeben hast!

Wie lange ist es her, dass du Gott etwas gegeben hast?

In der Bibel wird uns von Menschen berichtet, die Gott etwas abgegeben haben. Zwei von ihnen wollen wir uns näher ansehen ...

Zunächst belauschen wir das Gespräch eines Vaters mit seinem Sohn. Lies 1. Chronik 22,5.11-16 und schreibe kurz den Inhalt des Gesprächs auf:

_____

_____

David hatte eine unvorstellbare Menge an Gold, Silber und anderen Reichtümern gesammelt, um davon das Haus Gottes (den Tempel) zu bauen.

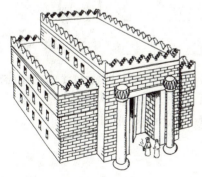

Abgesehen davon, dass nicht David den Tempel bauen konnte, sondern sein Sohn Salomo diesen Bau errichtete - was meinst du, was Gott über Davids Bereitschaft, so viel von seinem Reichtum für ihn zu geben, gedacht hat?

_____

_____

LEKTION 5

 Gott freut sich auch heute über jedes Geschenk, das er von Menschen bekommt. Noch niemand hat ihm etwas abgegeben, ohne dass Gott es reich gelohnt hätte.

Er beachtet jedes einzelne Geschenk, und er weiß auch, **warum** ihm etwas gegeben wird.

Vielleicht denkst du jetzt: Um Gott solche Reichtümer geben zu können, wie David es tat, muss ich ja mindestens Millionär sein.

ÜBERLEGE:

Es gibt noch viele weitere Möglichkeiten, Gott etwas zu geben. Was kannst du ihm außer Geld noch alles schenken?

_____

_____

_____

_____

Überlege nun einmal, welche konkreten Möglichkeiten du in deinem Leben hast. Was könntest du Gott geben? Was möchtest du Gott geben? Schreibe diese Dinge hier einmal auf:

LEKTION 5

Lies jetzt nochmals den Bibeltext aus Markus 12,41-44!
Vergleiche: Welche Gabe hat vor Gott wohl den größeren Wert, die der Witwe oder die Davids?

Um diese Frage beantworten zu können, müssen wir den Maßstab kennen, den Gott anlegt:
1. Er beurteilt unsere Einstellung, wenn wir ihm etwas geben.
2. Er sieht nicht nur, was wir abgeben, sondern auch, was wir behalten.

Das bedeutet: Unter Umständen sind wenige Pfennige in Gottes Augen mehr wert als riesige Geldmengen!

Stell dir hierzu einen Fingerhut vor, der mit Wasser gefüllt ist. Diese Menge wäre der einzige Besitz eines Menschen und gleichzeitig seine Gabe, die er abgibt.
Ein anderer hat ein ganzes Schwimmbecken voll Wasser und schöpft daraus einen Eimer voll, den er abgibt.
Vergleiche diese beiden Gaben miteinander! Was fällt dir auf?

_____

 Wer mehr hat, kann auch mehr geben. Doch er hat auch eine größere Verantwortung, was er mit seinem Eigentum macht.

Gott gibt Besitz, damit wir ihn wieder für ihn einsetzen.

L Lernvers

Jeder gebe, wie er sich in seinem Herzen vorgenommen hat: nicht mit Verdruss oder aus Zwang, denn einen fröhlichen Geber liebt Gott. 2. Korinther 9,7

Lockende Versuchung

LEKTION 6
Text: Josua 7,1-26

Nachdem das Volk Israel 40 Jahre durch die Wüste gewandert ist, steht es an der Grenze Kanaans, des Landes, das Gott ihnen versprochen hat. Mit seiner Hilfe erobern sie die erste große Stadt, Jericho.

Gott sagte zuvor, dass die Beute aus dem Kampf ihm gehört (Josua 6,18). In Josua 7,1 wird gesagt, was Achan tat:

_____

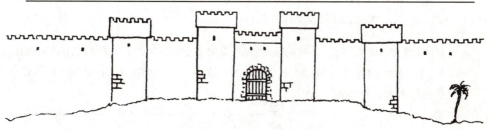

Dann bereitet Josua den Kampf gegen die nächste Stadt, Ai, vor. Doch es kommt anders als erwartet ...

Wie endet der Kampf (Vers 4)? _____

_____

Josua, die Ältesten Israels und das Volk selbst trauern wegen der Toten und der schweren Niederlage gegen die Soldaten von Ai. Man ist ratlos.

BEACHTE:

Wie verhält sich Josua? _____

Und Gott antwortet. Was sagt er? _____

_____

LEKTION 6

Ebenso zeigt Gott den einzigen Weg aus der Niederlage, aus der begangenen Schuld - worin besteht dieser Weg?

_____
_____

MERKE! Das klingt zunächst hart, doch es ist wichtig zu wissen: Um mit Gott leben zu können, muss Sünde beseitigt werden.

In der gelesenen Begebenheit wird es Schritt für Schritt deutlich, wer der Schuldige im Volk ist - schreibe auf, wie sich die Kreise enger ziehen:

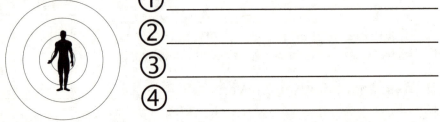

① _____
② _____
③ _____
④ _____

An Achans Verhalten kannst du einen entscheidenden Grundsatz lernen, den uns die Bibel an vielen Stellen zeigt. Wenn du sein Verhalten genau beobachtest, wirst du feststellen, wie es überhaupt zur Sünde in seinem Leben kommen konnte. Lies nochmals Josua 7,21 und schreibe die einzelnen Schritte zur Sünde auf:

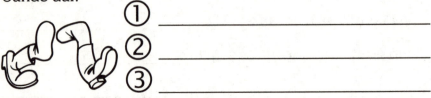

① _____
② _____
③ _____

LEKTION 6

ÜBERLEGE:
Wie fing es bei Achan also an?

Kennst du das auch? Achan packt die Lust, als er die wertvollen Dinge sah; sicher dachte er auch daran, einen bequemen Start im neuen Land haben zu können.

Wann hast du schon einmal Lust auf Dinge gehabt, die dir nicht gehören? Oder Lust auf verbotene Dinge, die du gerne tun wolltest?

Gott warnt uns vor diesen Schritten zur Sünde. Lies einmal 1. Johannes 2,16 und schreibe die hier genannten drei Punkte auf, wie Satan es immer wieder schafft, uns zur Sünde zu verleiten:

① _____ ② _____

③ _____

Wenn du das einmal verstanden hast, dann fällt es um vieles leichter, sich gegen die Angriffe des Teufels zu schützen. Gott gibt dir dazu einen guten Tipp: 1. Timotheus 6,11; 2. Timotheus 2,22:

_____

Also: Wenn es wieder mal soweit ist, dann bitte Gott um Kraft, zu widerstehen! Es hilft nur eins: Lauf weg, bring dich in Sicherheit!

Und noch etwas:

Achan war nicht bereit, seine Schuld von sich aus zu bekennen. Du hast jedoch die Möglichkeit dazu: Lies den Lernvers!

 Lernvers

Wenn wir unsere Sünden bekennen, ist er treu und gerecht, dass er uns die Sünden vergibt und uns reinigt von jeder Ungerechtigkeit. 1. Johannes 1,9

LEKTION 7
Text: 1. Könige 9,26-28; 10,14-25

Gold-Schiffe nach Tarsis

Salomo war einst ein großer König Israels. Berühmt war er vor allem wegen seiner Weisheit und seines Reichtums.
Woher bekam Salomo einen großen Teil seines Goldes?

_____

_____

Beschreibe kurz den Königshof Salomos:

_____

_____

_____

Doch nach seinem Tod kamen zunächst Bürgerkrieg und Leid ins Land ...

ETWA 100 JAHRE SPÄTER

Ein anderer König regiert in Juda, dem Südreich, das aus dem Bürgerkrieg nach Salomos Tod hervorgegangen ist. Lies die Bibelstellen und schreibe auf, was über Joschafat gesagt wird!
1. Könige 22,43-45; 2. Chronik 17,3-12:

_____

_____

_____

Interessanterweise finden wir in der Beschreibung Joschafats, dass er einen Versuch macht: 1. Könige 22,49; 2. Chronik 20,35-37. Wie sah dieser Versuch und sein Ergebnis aus?

_____
_____
_____

WAS MEINST DU?

Was könnte der Grund dafür sein, dass Gott den Versuch Joschafats, aus Ofir bzw. Tarsis große Mengen Gold zu holen, scheitern lässt?
Lies dazu auch Sprüche 11,28 und 1. Timotheus 6,10!

_____
_____

GOTT ZERSTÖRT PLÄNE ...

Warum? Es gibt verschiedene Gründe, warum Gott gewisse Dinge in unserem Leben nicht zulässt.
Welche Gründe fallen dir ein?

_____
_____

LEKTION 7

WAS SAGT DIE BIBEL?

Wichtig: Gott hat gute Absichten mit seinem Handeln, auch wenn es uns vielleicht nicht gefällt oder sogar wehtut. Lies dazu 5. Mose 32,4!

Es ist deshalb sinnvoll, wissen zu können, ob unsere Pläne und Vorhaben gut sind oder nicht. Beachte dabei die folgenden Aussagen der Bibel:

Römer 12,2: _____

Psalm 32,8: _____

Psalm 143,8: _____

Jesaja 48,17: _____

Was kann dir also helfen, die Entscheidungen recht zu treffen?

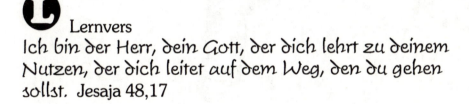

_____ und _____

ÜBRIGENS:

Auch ein Gespräch mit erfahrenen Christen kann sehr hilfreich sein, wenn du ein Urteil über deine Pläne brauchst.

L Lernvers

Ich bin der Herr, dein Gott, der dich lehrt zu deinem Nutzen, der dich leitet auf dem Weg, den du gehen sollst. Jesaja 48,17

LEKTION 8
Text: 2. Mose 32,1-14

Das Kalb aus Gold

Israel ist frei! Die Sklaverei in Ägypten ist vorbei! Das Volk befindet sich auf dem Weg ins verheißene Land! Allerdings führt dieser Weg durch unfreundliche Wüstengebiete - doch sie erfahren überall Gottes gnädige Hilfe: Er versorgt sie, hilft ihnen im Kampf gegen Feinde und hat Gutes vor. Das merkt man jeden Tag neu …

Nun ist man am Berg Horeb angekommen, der im Süden der Halbinsel Sinai liegt.

Mose steigt im Auftrag Gottes auf den Gipfel des Horeb, um dort Gottes gute Anweisungen für sein Volk entgegenzunehmen. Er bleibt dort 40 Tage und Nächte. Dem Volk wird die Warterei allmählich zu lang …

Beschreibe, was die Israeliten tun:

_____

_____

_____

Warum machen sie ein goldenes Kalb? Wozu sollte es dienen?

_____

_____

LEKTION 8

WAS MEINST DU?

Wie beurteilt Gott das Handeln Israels? Lies dazu in 2. Mose 20,1-6, welche Grundsätze Gott dort aufgestellt hat!

_____

FÄLLT DIR ETWAS AUF?

Was ist eigentlich ein "Götze"? Umschreibe das Wort und denke dabei an die Geschichte aus 2. Mose 32 (bes. Verse 1a.8)!

_____

❓ Was sagt die Bibel über Götzenbilder?

Lies 5. Mose 10,17; Jesaja 37,19; 44,9-17 und fasse die Aussagen kurz zusammen:

_____
_____
_____

MERKE! Ein Götze wird in der Bibel mit einem Wort umschrieben, das soviel wie "nichts" bedeutet. Es gibt keine Götter neben dem wahren Gott und in seinen Augen bedeuten alle von Menschen gemachten Götzen überhaupt nichts!

LEKTION 8

WAS MEINST DU?

Gibt es heute noch Götzen?
"Klar", sagst du, "in Afrika!" Aber du wirst staunen: Auch bei uns, in unserem Land gibt es Götzen! Vielleicht sogar bei dir zu Hause, in deinem Zimmer! Warum? Nun, lies einmal das folgende Gedicht und sieh dir das Bild dazu an:

Der Wohlstandsindianer

Otto Meier, zweiunddreißig,
Bürger unsrer Republik,
war sein Leben lang schön fleißig
und nun schaut er mal zurück:

Frohe Kindheit, schöne Stunden,
Kindergarten, Schule dann,
drehte dort manch "Extra-Runden",
schafft es aber irgendwann
dann den Abschluss doch zu machen
(wär ja schließlich auch zum Lachen!).

Von den Eltern wohlerzogen
lernt er Treu und Redlichkeit,
hatte niemals wen betrogen
(zumindest nicht in Offenheit ...).
Mit der Lehre gab's auch Knete
- endlich unabhängig sein!
Feierte so manche Fete,
manchen Rausch mit Bier und Wein.
Führerschein - wer will's betonen?
- war für Otto kein Problem.
Freundin - und zusammen wohnen -
besser könnt's ihm gar nicht geh'n.
Schöne Wohnung, Urlaubsreise,
HIFI, Walkman, Video ...
Otto sieht nicht auf die Preise,
denn: "Man lebt nur einmal so!"

Wie ein "Wohlstandsindianer"
hegt und pflegt er den Besitz,
häuft und hortet seinen Kram er,
doch ich frag mich, was es nützt,
wenn er einst vor Gott wird stehen
oben in der Ewigkeit?
Dann wird Otto Meier sehen:
Nein, für Gott war nichts bereit.

Otto Meier ist ein Beispiel
- "frei erfunden" freilich nur.
Otto nennt sein Leben "Freistil"
- mehr noch: nennt es "Leben pur".
Otto Meier - frei erfunden?
Schau doch selber mal zurück!
Und ich sag dir unumwunden:
Dies könnt sein dein eigner Blick.
Denk mal nach! Das darf's nicht geben!
Leben ist doch mehr als Geld!
Denn was hilft's: Verlierst dein Leben
und gewinnst dafür die Welt?

Was sagen Gedicht und Bild aus? Was hat das mit Götzen zu tun?

_____

_____

 Alles, was in deinem Leben Gott von der ersten Stelle verdrängt, bezeichnet die Bibel als Götzen!

WAS MEINST DU?

Wenn es so ist, dass alles, was die erste Stelle in deinem Leben einnimmt und damit Gott verdrängt, ein Götze ist, ist das eine gefährliche Sache!

Denn die Bibel sagt einiges zum Thema "Götzendienst". Lies die angegebenen Stellen und fasse ihren Inhalt zusammen:

Offenbarung 21,8; 1, Korinther 6,9.10:

_____

WAS NUN - WAS TUN?

Was war die Lösung bei Israel (2. Mose 32,20)?

Was ist heute die Lösung? _____

 Meist sind die Dinge, die zu Götzen werden, an sich nicht schlimm oder schlecht. Entscheidend ist aber unser Umgang mit ihnen!

Frage dich ehrlich: Wer bestimmt wen? Dann hast du die Antwort auf die Frage, ob etwas in deinem Leben ein Götze ist.

Sei konsequent und gib Gott in deinem Leben den ersten Platz!

Tut die Götter weg ... und dient dem Herrn! Wählt euch heute, wem ihr dienen wollt! Ich aber und mein Haus, wir wollen dem Herrn dienen! Josua 24,14.15

LEKTION 9
Text: Lukas 16,19-26

Und danach?

Zur Zeit leben ungefähr 6 Milliarden Menschen auf der Erde. Dass es da sehr unterschiedliche Menschen gibt, wird jeder verstehen.
Wonach kann man die Menschen unterscheiden?
Nenne Beispiele: 1. *Alter*
2. _____
3. _____
4. _____
5. _____
6. _____

Doch obwohl die Menschen so verschieden sind, gibt es etwas, das alle gleichermaßen betrifft.

DENK MAL!

Was könnte das wohl sein? _____
(Lies dazu Psalm 39,5 und Hebräer 9,27!)

Die Tatsache, dass jeder einmal sterben muss, wird wohl niemand bezweifeln. Nun, als junger Mensch denkt man sicher nicht so oft daran. Es ist vielleicht auch unangenehm, sich damit auseinanderzusetzen.

Interessant ist jedoch, dass jeder Mensch gerne wissen möchte, was nach dem Tod geschieht.

LEKTION 9

UND DU?

Hast du schon eine konkrete Vorstellung davon, wie es nach dem Tod weitergeht?

_____

_____

_____

Es wäre doch gut, wenn wir eine zuverlässige Aussage dazu hätten! Wenn wir die Bibel, Gottes Wort, aufschlagen, gibt uns Gott selbst eine Antwort. Damit wollen wir uns beschäftigen.

 Mit dem Tod eines Menschen ist nicht alles aus! Es gibt ein Leben nach dem Tod.

Lies noch einmal Lukas 16,19-26! In der Begebenheit, die der Herr Jesus hier erzählt, sehen wir zwei Menschen, die sehr unterschiedlich lebten. Doch das Ereignis des Todes traf sie beide!

Beschreibe einmal mit deinen Worten die Zeit nach dem Tod der beiden Männer:

Reicher Mann: _____

_____

Armer Lazarus: _____

_____

LEKTION 9

Es ist deutlich zu erkennen, dass die Menschen nach dem Tod unterschiedlich weiterleben. Da gibt es einmal "Abrahams Schoß" und zum anderen den "Hades". Beide Begriffe müssen erklärt werden:

DENK MAL!

Was könnten die Begriffe bedeuten? Umschreibe sie:

"Abrahams Schoß": Ein Ort, _____

_____

_____

"Hades": Ein Ort, _____

_____

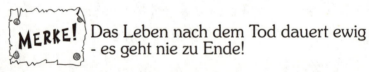

MERKE! Das Leben nach dem Tod dauert ewig - es geht nie zu Ende!

Eine brennende Frage müsste eigentlich jetzt jeder stellen:

Wovon hängt es ab, ob ich nach meinem Tod in die Gemeinschaft mit Gott komme oder ewig getrennt von Gott sein muss?

Auch bei dieser Frage sollten wir den befragen, der die Antwort kennt - Gott teilt sie uns in seinem Wort mit.

LEKTION 9

Auch hierzu wollen wir wieder Gottes Wort aufschlagen, das die Antwort zeigt:

Johannes 3,16.18: _____

_____

Johannes 5,24: _____

_____

Apostelgeschichte 16,30.31: _____

_____

Römer 8,1: _____

_____

Gottes Wort zeigt uns ganz deutlich, dass jeder Mensch nach seinem Tod weiterleben wird. Gott zeigt uns, dass es zwei verschiedene Orte in der Ewigkeit gibt. Er hat alles getan, damit wir Menschen die Möglichkeit haben, einmal bei ihm zu sein, und er möchte nicht, dass jemand in die ewige Verdammnis kommt. Doch: Die Verantwortung für diese Entscheidung trägt jeder selbst - Gott zwingt niemanden.

 Die Weiche für die Ewigkeit wird hier auf der Erde gestellt. Eine Korrektur nach dem Tod ist nicht mehr möglich!

 Lernvers

Wer den Sohn hat, hat das Leben; wer den Sohn Gottes nicht hat, hat das Leben nicht. 1. Johannes 5,12

Die goldene Stadt

LEKTION 10
Text: Offenbarung 21,1-7.10 - 22,5

Welches ist dein erster Eindruck beim Lesen dieser Verse?

_____

_____

_____

Was du hier gelesen hast, ist eine der wenigen Beschreibungen der Bibel über den Himmel, den Ort also, wo Gott ist.

Zwar finden wir insgesamt nur relativ wenige Hinweise auf diesen wunderbaren Ort, doch einige Dinge können wir mit Sicherheit feststellen.

Wir können in der Bibel nachlesen:

Was ist im Himmel nicht (lies dazu im Buch der Offenbarung die hier angegebenen Stellen!)?

21,27: _____

22,3: _____

21,4: _____

21,4: _____

21,4: _____

22,5: _____

Was/wer ist im Himmel
(lies dazu die angegebenen Stellen!)?

Matthäus 6,9: _____

_____

Apostelgeschichte 7,55: _____

_____

Markus 1,10: _____

_____

Offenbarung 5,11: _____

_____

Offenbarung 21,27: _____

 Die Bibel spricht also eindeutig davon, wer von uns Menschen an diesem wunderbaren Ort sein wird. Schreibe es hier noch einmal auf (Offenbarung 21,27):

_____

Wer ist das? _____
(Johannes 3,16)

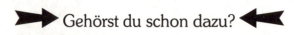 Gehörst du schon dazu?

Auch der andere Ort, der für alle anderen bereitet ist, wird uns beschrieben. Schreibe mit deinen Worten auf, wie es dort ist!

Offenbarung 20,10.14; 21,8:

_____
_____
_____

DAS MUSST DU WISSEN:

 Wo du in der Ewigkeit sein wirst, entscheidest du ...

... selber!

... hier auf der Erde!

... in deiner Lebenszeit!

... am besten heute, jetzt und hier!

➤ Wähle den Himmel! Der Weg dorthin ist denkbar einfach, das Ziel denkbar schön!

 Lernvers

Und Gott selbst wird bei ihnen sein, ihr Gott. Und er wird jede Träne von ihren Augen abwischen, und der Tod wird nicht mehr sein, noch Trauer, noch Geschrei, noch Schmerz wird mehr sein. Offenbarung 21,3b.4

XIV. Fotobericht aus einem Goldgräberlager

Schon weithin sichtbar:
Für die Jungscharler beginnt eine
Zeit voll Abenteuer und Erlebnissen ...

Irgendwie ist manches anders
als sonst - selbst die Tür zum
Tagesraum wurde verändert ...

Ein Gefängnis?
Für wen mag das denn sein?

XIV. Fotobericht aus einem Goldgräberlager

Beim Geländespiel "Goldrausch auf Sutters Farm" wird eifrig Gold gegen Dollars getauscht. Die Bank hat gut zu tun ...

... genauso wie das "Mining-Office", wo gegen Dollars Claims erworben werden können.

Doch auch andere Abenteuer erwarten die Goldgräber - zum Beispiel die selbstgebaute Seilbahn über den "Klondike".

XIV. Fotobericht aus einem Goldgräberlager

Das abendliche Theaterstück - ein klassischer Western - begeistert nicht nur das Publikum ...

... auch die Schauspieler haben ihre helle Freude am Stück ...

... während der Regisseur schier verzweifelt, weil sich kaum einer an das Drehbuch hält.

XIV. Fotobericht aus einem Goldgräberlager

Bei den Wettkämpfen staunt der erfahrene Digger, was die jungen Goldgräber alles können.

Egal, welche Disziplin zu absolvieren ist - überall zeigen sie vollen Einsatz: ob beim Luftgewehrschießen ...

... oder beim Zielwurf mit dem eigenen Hut auf einen Pfosten. Hier werden fleißig Punkte gesammelt.

XIV. Fotobericht aus einem Goldgräberlager

Selbst der Mordfall in Gold-Lake-City wird gelöst, die Täter schließlich gefasst.

Auch wird manches gelernt: Wer kann schon einen Telegrafen basteln und auch noch Botschaften damit versenden?

Oder mit dem Mississippischiff über den Teich segeln?

XIII. Bilder und Kopiervorlagen: Allgemeine Abbildungen

Beim Millionenspiel geht's ums Ganze: Alles oder nichts!

Und die ganz Verwegenen suchen weiter und weiter - ob der große Fund vielleicht doch noch gelingt?

Doch meist muss festgestellt werden, dass das alte Sprichwort gilt: "Es ist nicht alles Gold, was glänzt!"

Abenteuer in Gold Lake City: Das bringt's echt!

Ein Leben als Ritter

Ein **komplettes Abenteuerprogramm** für Freizeiten und Gruppenstunden in Jungschar und Teenagerkreis.
Das Buch bietet alles rund um das Leben der Ritter:
- Geschichte und Kultur
- Tipps und Anleitungen für Kulisse, Kleidung etc.
- Lagerorganisation und Stundenreihen
- Bibelarbeiten mit kopierfertigen Arbeitsblättern
- Andachten rund ums Thema
- Kreativelemente (basteln, bauen, backen, kochen ...)
- Spieleprogramm für drinnen und draußen
- Literatur und Medien
- Zahlreiche Bilder und Kopiervorlagen
... und und und ...

Praxiserprobt von vielen erfahrenen Mitarbeitern!
Alles in allem: Eine runde Sache!

In dieser Reihe bereits erschienen:
Bd. 1: "Ein Leben in Rom" (Best.-Nr. 273.094)
Bd. 2: "Ein Leben in Ägypten" (Best.-Nr. 273.119)
Bd. 3: "Ein Leben als Ritter" (Best.-Nr. 273.120)

- 288 Seiten
- fest gebunden
- Format 24 x 16,5 cm
- DM 29,80

 Christliche Verlagsgesellschaft Dillenburg

Voll-TREFFER

Die pfiffige Zeitschrift für Jungen und Mädchen von 8 bis 14 Jahren!
Erscheint monatlich - ansprechend gestaltet und illustriert
geheftet, 24 Seiten, Bestell-Nr. 2714,
Jahresabo DM 18,- / ab 20 Abos: DM 12,-; ab 40 Abos: DM 9,60
(jeweils zzgl. Versandkosten)

Was bietet diese Zeitschrift?
- Reportagen über interessante Gruppenerlebnisse
- Eine vierseitige, ausführliche Bibellese mit Fragen zum Bibeltext (ergänzend zum Heftthema).
- Die "Kreativ-Seite" mit Tips, Tricks und Ideen zur sinnvollen Freizeitbeschäftigung (Bastel-, Spiel-, Rätsel- und Computertips).
- Comic-Seite mit "Rudi", der humorvoll wichtige Wahrheiten vermitteln möchte. Möglichkeiten, Kontakte zu anderen Lesern zu knüpfen (z. B. Brieffreundschaften).
- "Pinnwand" mit aktuellen Infos über biblische Begriffe, Kinderbücher, Interessantes aus aller Welt.
- Eine spannende Fortsetzungsgeschichte und und und ...

MITTENDRIN

Die Mitarbeiterhilfe für Jungschar- und Teenagerarbeit
36 Seiten, A4-Format, mit zahlreichen Kopiervorlagen
erscheint 4 x jährlich, Jahresabo DM 18,- (zzgl. Versandkosten)

Ein Mitarbeiterheft voller guter Tips und zündender Ideen!
- Fundierte, bibeltreue Andachten, Bibelarbeiten und Hintergrundinfos
- Tips und Ausarbeitungen zur Methodik der Jungschararbeit
- Abenteuer Jungschar: Fahrt & Lager, Natur, Bauen, Orientierung, Sammeln und Bestimmen
- Spiele für drinnen und draußen; Ideen, Tips und Anleitungen zum Basteln und Bauen
- Grundlagen und Tips für die Teenagerarbeit mit Spielen, Andachten und vielem mehr
- Materialempfehlungen, Buchrezensionen, Adressen und Infos

Gleich bestellen oder kostenloses Probeheft anfordern bei:
Christliche Verlagsgesellschaft mbH, Postfach 12 51, D-35662 Dillenburg

✓ Christliche Verlagsgesellschaft, Dillenburg